왜 읽었는데 기억나지 않을까

생각을 편집하는 독서노트

왜 읽었는데 기억나지 않을까

글 비행학교 시리즈 05

초판 1쇄 발행 2019년 8월 15일
초판 2쇄 발행 2019년 10월 16일

지은이 남낙현
발행인 김태영
발행처 도서출판 씽크스마트
주 소 서울특별시 마포구 토정로 222(신수동) 한국출판콘텐츠센터 401호
전 화 02-323-5609 · 070-8836-8837
팩 스 02-337-5608

ISBN 978-89-6529-213-5 03320 정가 13,800원

• 도서출판 사이다는 사람의 가치를 밝히며 서로가 서로의 삶을 세워주는 세상을 만드는 데 기여하고자 출범한,도서출판 씽크스마트의 임프린트입니다.

• 원고 | kty0651@hanmail.net
• 페이스북 | www.facebook.com/thinksmart2009
• 블로그 | blog.naver.com/ts0651

• 이 도서의 국립중앙도서관 출판예정도서목록(CIP)은 서지정보유통지원시스템 홈페이지(http://seoji.nl.go.kr)와 국가자료공동목록시스템(http://www.nl.go.kr/kolisnet)에서 이용하실 수 있습니다.(CIP제어번호 : CIP2019027954)
이 책 글꼴 중 (사)세종대왕기념사업회에서 개발한 문체부 바탕체가 사용되었습니다.

씽크스마트 • 더 큰 세상으로 통하는 길
도서출판 사이다 • 사람과 사람을 이어주는 다리

왜 읽었는데 기억나지 않을까

남낙현

시작하며

'5년, 963개의 기록, 3권의 책 출간.' 독서노트를 쓰면서 생긴 일이다.

처음 독서노트(앞으로 '노트'로 줄여서 표현한다)를 쓸 때, 책에 밑줄 그은 문장 서너 개를 옮겨 적었다. 중간에 그만둔 적도 있고, 귀찮을 때는 달랑 책 제목만 적기도 했다. 때로는 많은 분량을 손가락이 아플 정도로 적기도 했다.

'손끝을 통해 글로 쓴 생각은 지워지지 않는다.' 이것이 노트의 강점이고, 나의 변화를 끌어낸 출발점이다. 생각을 글로 하게 되면 재미난 일도 벌어진다. 인터넷에서 이런 문장을 본 적이 있다. "하루하루는 성실하게 살고 싶고, 인생 전체는 되는 대로 살고 싶다." 노트에 기록한 《책은 도끼다》가 떠올랐다. 찾아보니, 이동진이 쓴 《밤은 책이다》에 나온 말을 인용한 문장이었다. 노트에 작성한 문장을 보면 어느 책에서 읽었는지 연관해 떠오를 때가 많다. 그로 인해 노트에 기록한 두 권의 책을 다시 읽어보는 경우도 있다. 이렇듯 문장이 노트를 작성한 책과 책을 연결해주기도 한다.

내 경험은 노트를 쓰기 전과 후로 극명하게 대비된다. 요리에 비유하자면 노트를 쓰기 전 책은 뜨거운 물만 넣으면 먹을 수 있는 컵라면이었다. 읽어도 생각과 사색의 깊이가 없었다. 그러나 노트를 작성하면서 간편식이 아닌, 직접 음식을 만드는 생각 요리사로 변해갔다. 기록이 쌓일수록 책에서 신선한 재료를 고르는 안목이 생겼다. 그것으로 나만의 다양한 생각 요리를 만들게 해주었다. 적는 일만으로도 꾸준히 책을 읽게 되었고, 글쓰기와 책쓰기 능력도 함께 키워졌다. 더 나아가 책쓰기 강의를 통해 사람들을 가르칠 수 있게 되었다.

'독서가 수박 겉핥기처럼 느껴진다.'
'책을 읽고 덮으면 기억이 바람처럼 날아간다.'
'사색을 어떻게 해야 하는지 막연하다.'

'나도 그래!'라는 생각이 든다면 노트를 씀으로써 고민을 많이 해소할 수 있을 것이다. 생각을 글로 적으면 처음에는 속도가 느려 답답함을 느낀다. 하지만 시간이 흐를수록 느림은 발견하는 힘이 된다. 답답함은 막힌 생각을 뚫는 도구가 된다.

노트의 저자는 바로 당신!
'독서노트, 이렇게 써라' 하고 제시하는 형식에서 과감하게 벗어나야 한다. 얽매이지 않아야 자기 생각을 창의적으로 쓸 수 있다. 빈 공간에 남다르게 적을 때, 노트는 자신만의 비밀병기가 되어준다. 밖으로 꺼낸 또 다른 뇌, 노트. 여기에선 언제든지 생각을 다시 조각할 수 있다. 그러기에 '자신이 노트의 저자'라는 사실을 잊지 말고 주체적으로 생각하고 써야 한다.
이 책의 주제는 '독서노트'다. 노트의 강점과 작성 단계, 활용 방법 등에 대해 이야기한다. 노트 기록이 내 일상을 흔든 경험도 적었다. 자신만의 노트를 만들 때, 여기에 쓰인 내용을 얼마든지 응용하고, 자신에게 맞지 않는 부분은 미련 없이 버려도 좋다. 생각이 어떻게 생겼는지 궁금하다면 노트를 써라. 이 공간은 언제든 생각을 담아낼 준비를 하고 있다. 노트에 적는 순간, 당신은 생각 조각가로 변할 것이다.

차례

3장. 독서노트에 생각을 편집하라

4장. 새로운 시선을 발견하다

1

글로 생각하는 뇌, 독서노트

글로 적으면 생각이 보입니다.
차를 타고 가다 신호등에 빨간불이 들어와 교차로에서 멈췄다. 맞은편 경찰서 표지판 속 두 개의 그림이 눈에 들어온다. 하나는 자동차 속도계 바늘이 높이 올라가 있고, 건널목을 지나는 사람이 희미하게 보인다. 다른 하나는 반대로 속도계 눈금이 낮게 표시되어서 사람이 또렷이 보이는 그림이다. 표지판에 이렇게 쓰여 있다.
“속도를 줄이면 사람이 보입니다.”
책을 눈으로만 읽을 때는 시속 100km 넘게 엑셀을 밟고 고속도로를 달린 느낌이라면, 노트에 쓸 때는 자전거를 타고 고갯길을 올라가는 느낌이다.
분명한 건 속도를 줄이면 사람이 보이듯이 글로 적으면 생각을 볼 수 있다. 그리고 자신이 생각을 다듬는 조각가로 변한다. 이 매력 하나만으로 독서노트를 쓸 가치는 충분하다.
‘노트에 적는 순간 기억은 사라지지 않는다.’

책이
모래알처럼 손가락 사이로
빠져나갑니다

도대체 어느 책에 나왔던 거지?

3년간 매일 책을 읽은 적이 있다. 많이 읽으니, 책을 쓰고 싶다는 욕심도 생겼다. 과식하면 화장실에 가고 싶어지듯이 머릿속을 비우고 싶어졌다. 손해 볼 것 없다는 마음으로 첫 원고를 쓰기 시작했다. 그러나 중간쯤 쓰다 중단하는 일이 생겼다. 집중력에 관해 인용하고 싶은 문장이 떠올랐는데, 어느 책에서 보았는지 기억이 나지 않았기 때문이다. 인용할 내용은 이러했다.

> 어느 날 험한 산길을 한 스님과 가는데, 이 동행승이 힘들어서 더는 못 가겠다고 했다. 그때 마침 밭에서 화전을 일구는 부부가 있

었는데 만공은 무슨 생각에서인지 냅다 달려가 여자를 덥석 안고 입맞춤을 했다. 놀란 남편은 쇠스랑을 들고 저 중놈들 죽여 버린다고 쫓아왔다. 엉겁결에 동행승도 걸음아 날 살려라 달아났다. 숨을 헉헉대며 고갯마루에 올라 이제 화전 부부가 보이지 않게 되자 동행승은 만공에게 그게 무슨 짓이냐고 꾸짖었다. 그러자 만공은 "이 사람아, 그게 자네 탓이라고. 그 바람에 고갯마루까지 한숨에 왔지 않나. 이젠 괜찮은가?[1]

스님들이 도망갈 때처럼 딴생각하지 않는 집중력으로 책을 읽어야 한다는 말을 하고 싶었다. 그런데 어느 책에서 읽었는지 기억이 가물거렸다. '법정 스님이 쓴 책에서 읽었나?' 어렴풋이 떠오른 생각을 되짚으며 집에 있는 그의 책을 펼쳤다. 한 권, 두 권, 세 권… 그렇게 몇 시간에 걸쳐 예닐곱 권을 뒤적거렸는데 찾지 못했다. '어라! 어느 책에 있었지?' 법정 스님 책은 절판된 게 상당해서 도서관에서 본 책이 더 많았다. 하는 수 없이 도서관 한구석에 책을 빌딩처럼 높게 쌓아놓고 한 권씩 빠르게 훑어보았다. 반나절이 흘렀는데도 발견할 수 없었다. 기어이 찾아내겠다는 오기가 발동했다. 10권을 대출해 집에서 밤늦게까지 찾았고, 그다음 날까지 도서관에서 나머지 책도 모두 찾아봤다. 없었다. 사흘 동안 눈이 빠질 정도로 찾아도 나오지 않았다. 머리를 쥐어뜯고 싶었다. 포기하고 거실 소파에 털썩 주저앉았다. 초점 잃은 시선으로 우두커니 책장을 바라보는데, 유홍준의 《나의 문화유산 답사기》 시리즈가 눈에 번쩍 뜨였다. '맞다! 1권에서 봤지.' 떨리는 손으로 책을 쥐고 보니 책 중반부에서 본 기억이 났다. 아니나 다를까! 책을 펼치고 불과 열 장을 넘기기도 전에 그토록 찾던 내용이 눈에 들어왔다. 눈물이 핑 돌 만큼 좋았다.

책을 허겁지겁 읽을 때는 기억이 '손가락 사이로 빠져나가는 모래알 같다'는 느낌을 자주 받았다. 며칠만 지나도 무슨 내용을 읽었는지 도무지 기억나지 않는다. 신영복 교수도 《담론》에서 이렇게 이야기하고 있다.

> 감옥에서는 책 읽고 나면 그만입니다. 무릎 위에 달랑 책 한 권 올려놓고 하는 독서. 며칠 지나지 않아서 까맣게 잊어버립니다. 시루에 물 빠져나가도 콩나물은 자란다고 하지만, 사오십 페이지를 읽고 나서야 이미 읽은 책이란 걸 뒤늦게 알아차리는 경우도 드물지 않습니다. 책 제목마저 기억 못하는 경우도 허다합니다. 독서가 독서로 끝나기 때문입니다. 실생활과 아무런 연관 없는 독서이기 때문입니다.[2]

독서를 막 시작해서 열 권, 스무 권을 읽었을 즈음엔 그래도 생각을 더듬으면 떠오르는 것이 있었다. 하지만 읽은 책은 늘어나고 시간이 흐르니 책 제목조차 기억나지 않았다. 솔직히 신영복 교수처럼 전에 읽다 포기한 책이라는 걸 알고 슬며시 내려놓은 적도 있다. 책을 관념적으로 읽는 것도 문제였지만 사라진 기억을 되찾지 못하는 것이 더 힘들었다.

그래! 조금 귀찮아도 노트를 쓰자

노트를 쓰지 않던 시절, 첫 원고를 쓰다 두 손 두 발을 다 들었다. 책을 읽고 머릿속에만 저장한 기억은 연못에 던진 돌이 물에 가라앉는 속도보다 빠르게 잊혔다. 그 뒤 생각을 글로 바꿔 노트에 적기 시작했다. 첫 책을 출간하고 가까운 사람에게 선물하면서 이렇게 이야기한 적도 있다. "3년간 밀린 제 독서노트입니다." 3년의 독서경험을 적었으니 그렇게 이야기해도 맞을 듯하다. 첫 책을 집필하면서 노트를 쓰겠다고 몇 번이나 결심했다. 쓰면 '무엇이 좋고, 어떻게 활용할 것인가?'라는 고민보다 '생각을 글로 적지 않으면 앞으로도 책을 읽을수록 고단해지겠구나!'라는 생각이 들었기 때문이다.

처음 노트를 쓸 무렵에는 물어볼 사람이 없었다. 의욕은 불타올랐으나 막상 시작해보니 재미도 없고, 요령도 몰라 몇 개를 작성하다 도중에 포기하기를 반복했다. 그러던 어느 날 내가 참여하던 독서모임에서 10년간 노트를 쓰고 있다는 분을 만났다. 그분을 보며 어떻게 쓰는가 하는 방법보다 꾸준히 쓰는 것이 더 중요하다는 사실을 깨달았다.

원고를 쓰며 배운 게 하나 있다. 생각이 나서 글을 쓰는 것이 아니라, 쓰다 보면 글감이 떠오른다. 그걸 노트 작성에 적용하면서 꾸역꾸역 적어나갔다. 6개월가량 지나니 책을 읽으면 습관처럼 쓰게 되었다. 노트 작성을 막 시작할 무렵엔 좋은 문장을 베껴 써보는 것이 전부였다. 그러다가 베껴 쓴 문장과 읽은 후 간단한 감상을 적기 시작했다. 반년 즈음 지났을 때, 노트에 관해 나만의 정의를 내려봤다.

'독서를 통해 내가 글로 표현하고 싶은 모든 것.'

처음에는 책속 문장을 옮겨 적기 바빴지만, 조금씩 다른 내용도 적어나갔다. 어떤 때는 노트를 쓰다가 영감이 떠올라 그것에 관련된 글을 쓰기도 했다. 그러면서 노트는 점점 형식이 사라지고 그때그때 생각나는 대로 적는 형태로 변해갔다. 쉽게 말하면 읽은 책을 어떻게 소화할지 즉흥적으로 구상하는 버릇이 생겼다.

노트 작성 불변의 법칙

노트 작성은 책을 읽은 후의 활동이다. 이 말은 노트 작성이 독서를 어떻게 했느냐에 영향을 받는다는 의미다. 그래서 책을 잘 읽는 것과 더불어 읽은 내용을 자신의 것으로 만들기 위한 사색이 중요하다. 노트는 생각을 글로 적는 작업이기에 어떻게 적을지를 구상하고 자연스럽게 사색도 할 수 있는 선순환 구조다. 거기에 더해 생각을 적기 때문에 기억력이 나쁘다고 자신의 머리를 구박할 이유도 사라진다. 그뿐 아니다. 쓰면 쓸수록 남는 게 많아진다. 처음에는 독서 후 무엇을 어떻게 작성할지 막연하지만 계속 쓰다 보면 '이 책을 어떻게 정리할지 다양한 방법을 찾으며 독서하는 자신을 발견하게 된다. 읽은 책을 어떻게 요리할지 스스로 생각하는 실력이 향상된다. 생각을 글로 적는다는 것은 보고 만질 수 있다는 뜻이다. 무서운 사실이다.

노트에 적은 문장도 시간이 흐르면 잊힌다. 하지만 눈으로만 읽은 것과는 기억에 다르게 저장된다. 인터넷에서 문장을 검색해서 적는 얕은 정보 기억과도 차원이 다르다. 노트에 적은 문장은 잊혔다가도 검색을 통해 찾아보면 책의 내용과 내가 사색한 것이 거미줄처럼 연결되어 생각난다. 그 당시 읽은 책 내용, 적어둔 문장, 자신이 생각하고 사색한 바를 노트에 글로 표현한 기록을 보면 당시 기억이 툭툭 불거져 나온다. 책 전체의 흐름과 자기 생각, 사색이 합쳐져 글자로 바뀌어 있기 때문이다. 눈으로만 읽고 기억이 안 난다고 머리 탓을 할 때와 180도 다른 현상이 나타난다. 노트 작성의 불변 법칙이 있다.

'글로 바꿔놓은 생각과 사색의 흔적은 절대 사라지지 않는다.'

일책삼독(一冊三讀)의 효과

"더도 덜도 없이 꼭 세 번." 많은 사람이 삼세번(三-番)을 좋아한다. 나 또한 무슨 일을 하다 안 될 때 '삼세번 해보고 결정하자'라고 다짐할 때가 많다. 그래서 좋은 결과로 이어지는 경우도 적지 않았다. 내 블로그 닉네임도 '세 번 읽는다'라는 뜻의 '삼독(三讀)'이다. 노트를 쓰면 자연스럽게 책을 세 번 읽는 효과가 나타난다.

읽고, 초서하고, 사색하다

책에 취미를 들이고 독서법에 관한 책을 20권쯤 읽어보았다. 읽다 보니 나중에는 어느 방법이 좋은지 도리어 혼란스럽기까지 했다. 책을 읽는 방법은 다양하다. 소설을 읽을 때와 자기계발서를 읽을 때도 서로 다르다. 그러므로 어느 하나의 독서법이 좋다고 말할 수 없다. 노트 작성은 여러 독서법을 따라 해보려던 때의 혼란함을 해소해주었다. 특히, 노트를 쓰는 것 자체로 책을 세 번 읽게 해주는 효과가 나타난다. 어렴풋한 생각과 사색이 '반복'을 통해 더 깊고 명료해진다. 노트를 쓰는 것 자체가 강력한 독서법이다.

1독(一讀), 한 권의 책을 읽는다.
2독(二讀), 읽은 책에 밑줄 친 부분을 초서한다.
3독(三讀), 초서한 내용을 읽으며 사색한 바를 글로 적는다.

1독, 한 권의 책을 읽는다.

여기까지는 우리가 일반적으로 책을 읽는다고 말할 때의 독서를 뜻한다. 책을 소화하는 수준은 사람마다 다르다. 독서력이 다르기 때문이다. 반복해서 읽는 사람은 한 번의 독서로 끝나는 사람과 책을 이해하고 해석하는 수준에 차이가 난다. 1독을 하는 데서도 노트를 쓰느냐, 안 쓰느냐에 따라 차이가 생긴다. 노트를 작성하게 되면 문장을 옮겨 적기 위해 밑줄을 긋거나 메모를 한다. 반대로 쓰지 않는 사람은 책을 눈으로만 읽는 경우가 대부분이다.

2독, 읽은 책에 밑줄 친 부분을 초서한다.

노트를 작성하면 좋은 점은 자연스럽게 2독을 할 수 있다는 것이다. 독서에 재미를 들이려는 초보 독서가라면 효과는 더 좋다. 1독에서 좋았던 문장을 적거나 더 정밀하게 생각해보고 싶은 부분을 글로 쓰며 반복할 수 있다. 자신이 1독에서 눈으로 보며 소화한 책의 내용을 다시 곱씹어 볼 수 있고, 잘 모르던 부분을 발견하는 계기가 된다. 2독에서 적는 것은 크게 '초서와 요약' 두 가지로 나뉜다. 초서는 중요한 문장을 적는 것이고, 요약은 책의 내용을 정리해보는 것이다. 초서가 책의 문장을 중심으로 생각하고 사색하는 것이라면, 요약은 책 전체 구성과 내용을 이해하는 것이다.

3독, 초서한 내용을 읽으며 사색한 바를 글로 적는다.

2독은 책에서 중요한 내용을 초서하는 단계라고 한다면 3독은 독서와 초서를 통해 얻은 바를 자신만의 관점으로 재해석해보는 과정이다. 1독이나 2독과 다른 점은 굳이 책을 보지 않고 해도 상관없다는 것이다. 예를 들면, 떠오르는 감상을 적는 것도 3독에 속한다. 깨달은 점을 기록하는 것도, 책의 제목을 자신의 느낌대로 바꿔보는 것도 3독이라 할 수 있다. 서평도 마찬가지다. 3독은 자신의 관점으로 책을 재해석한 내용을 적는 모든 행위를 말한다.

속도보다 깊이를 추구하는 노트

노트를 작성하면 의도하지 않아도 책을 3번 읽는 효과를 낼 수 있다. 나는 한 권의 책을 읽고 노트를 작성했다면, 세 권을 읽은 것이나 다름없다고 생각한다. 책 열 권을 읽고 노트를 썼다면 서른 권이다. 대단한 숫자다. 분명한 것은 눈으로만 보고 머릿속에서만 생각하는 것과 노트는 차원이 다른 독서법이다.

독서법을 다룬 대부분의 책은 빠르게 읽든, 느리게 읽든, 정독하든, 다독하든 책을 더 잘 이해하고 소화하는 것으로 귀결된다. 그래서 속독을 제시하는 책은 반복적으로 읽기를 권하는 경우가 많다. 슬로우 리딩은 느림의 속도에서 이해와 사색을 더 할 수 있다는 장점이 있지만, 시간이 많이 소모된다. 자신의 취향에 맞게 어떤 방법을 선택하든 상관없다.

다만 노트 작성의 관점에서 보면 속독이냐, 정독이냐 하는 것보다 생각을 글로 풀어내면서 책을 잘 소화하고 사색할 수 있느냐가 더 중요한 문제다. 즉, 노트 작성은 책을 읽는 속도가 아닌 깊이가 중요하다. 한 권의 책을 세 번 되새김하면서 내용을 얼마나 잘 소화하고, 그 바탕 위에서 자신의 것으로 만드느냐가 관건이다.

"아무리 유익한 책이라도 그 반은 독자가 만든다"라고 볼테르는 말했다. 저자가 써 놓은 책에 대한 해석은 독자에 따라 달라진다. 저자의 손을 떠난 책은 온전히 독자의 것이다. 그러므로 책의 내용을 소화하고 그 바탕에서 스스로 책을 자신의 것으로 만드는 창조적 행위가 필요하다.

무라카미 하루키도 이렇게 말했다. "그래서 나는 바로 이 글을 쓰고 있다. 나는 무슨 일이든 글로 써보지 않고선 제대로 이해하지 못하는 인간이기 때문이다." 머릿속에 맴도는 생각을 말로 표현하면 그만큼 구체화된다. 노트에 글로 표현하는 것은 말보다 더 효과가 크다. 글로 써보는 작업을 통해 자기 생각을 더 구체적으로 이해할 수 있다.

하루키의 말을 살짝 패러디해보면 이렇다. '그래서 나는 노트를 쓰고 있다. 책을 읽고 글로 책의 문장과 내 생각을 써보지 않고는 제대로 이해하지 못하는 인간이기 때문이다.'

노트는 속도가 아닌 깊이를 추구하는 독서법이다. 허겁지겁 빠르게만 읽으려는 함정에 벗어나게 해주는 훌륭한 책 선생이다.

이젠, 책을 빨리 읽는 속독보다 깊이 우러나는 맛을 아는 독서법이 중요하다. 깊이를 추구하는 독서법을 실천하는 데 노트는 최상의 조건을 제공해준다.

손끝 독서의 세계

“눈은 페이지를 쫓고 마음은 의미를 더듬고 있었지만, 목소리와 혀는 쉬고 있었다.” 《고백록》을 쓴 철학자 아우구스티누스가 묵독하는 암브로시우스를 보며 한 말이다. 과거에 책 읽는 방법은 묵독이 아닌 소리 내서 읽는 통독이었다고 한다. 그러니 아우구스티누스는 묵독하는 모습에 충격을 받았을 것이다. 지금은 묵독의 시대다. 서당에서 몸을 흔들며 소리 내서 천자문을 읽듯 한다면 오히려 신기하게 보는 세상이다. 하루에도 엄청난 수의 종이책이 쏟아져 나오고, 거기에 e-book을 포함하면 책 제목만 읽기도 벅찬 시대다. 그러니 소리 내서 읽는 통독은 더 낯설다.

지금도 진행하는 독서모임의 프로그램을 기획할 때 통독을 넣었다. 선정한 한 권의 책을 돌아가며 적당한 분량까지 한 페이지씩 소리 내서 읽고 그것에 관해 가볍게 토론하는 시간이다. 한사람씩 돌아가며 통독하는데, 눈은 벌써 다음 문장을 보고 있을 때가 많았다. 묵독하는 버릇이 통독하는 속도를 참지 못하고 앞서가서 미리 보게 된다. 하지만 한두 페이지 읽는 소리를 듣다 보면, 어느새 눈으로 읽는 속도가 통독에 맞춰진다. 느리다는 생각이 들다가 익숙해지면서 여유로워지는 느낌까지 든다. 가끔은 눈을 감고 듣기만 할 때도 있는데, 책을 음미하면 또 다른 느낌이 든다. 통독하면 묵독보다 속도가 늦춰지면서 새롭게 보이는 면이 많다. 뭐랄까, 걸으면 코스모스가 바람에 한들거리는 모습을 볼 수 있지만, 차를 타고 휙 지나가면 볼 수 없는 풍경이라고나 할까.

눈(目)에서 손(手)으로

묵독에서 통독으로의 변화는 눈에서 귀(耳)로 즉, 보는 행위에서 듣는 행위로 바뀌는 것이다. 노트 작성은 눈으로 보는 행위가 손으로 바뀌는 것이다. 묵독은 손끝으로 옮겨가는 것이다. 손으로 적는 것은 묵독과 통독보다 더 느리다. 더구나 문장이나 사색한 것을 음미하며 적기 때문에 더욱 그렇다. 이것이 손끝 독서의 세계다. 손으로 적는 것은 머리뿐 아니라 몸 전체로 읽는 작업이다. 속도는 느리지만 생각할 수 있는 여유와 집중력을 키워준다. 손으로 적는 것은 느리고 답답하다며 포기하는 사람이 많다. 대부분 노트 작성의 맛을 몰라서 하는 말이다.

노트는 계속 작성하다 보면 자연스럽게 배우는 게 있는데 바로 '절제와 정제'다. 절제는 정도에 넘지 아니하도록 알맞게 조절하여 제한하는 것이다. 정제는 정성을 들여 정밀하게 잘 만드는 것이다. 노트를 쓸수록 절제와 정제미를 배우게 된다. 그렇지 않으면 어떤 현상이 벌어질까? 옮겨 적고 싶은 걸 모두 적는다면 역효과가 날 것이다. 노트 작성에 시간과 에너지를 빼앗겨 독서를 못 할 수도 있다. 하지만 걱정할 필요는 없다. 계속 작성하다 보면 요령이 생기고, 어떻게 적어야 효율적인지 고민해서 개선하며 발전하게 된다. 글로 생각을 적는 제약이 오히려 절제하고 정제하는 능력을 키워준다. 무슨 일이든 처음 적응하는 데는 시간이 걸린다. 노트 작성도 마찬가지다. 묵독에서 통독으로 바꿀 때도 답답한데, 생각을 글로 전환해서 적으려니 거북이가 물 밖으로 나와 걷는 듯한 느낌이 든다. 하지만 기록이 쌓일수록 불필요한 것을 취하지 않아 속도도 빨라진다. '절제와 정제'의 힘은 노트 작성 횟수가 늘어날수록 커진다.

써봐야 문장이 보이더라

'시이불견 청이불문(視而不見 聽而不聞, 보아도 보이지 아니하며, 들어도 들리지 아니한다)' 대학(大學)에 나오는 말이다. 노트를 쓰게 되면 견문을 배우는 연습이 된다. 책을 읽을 땐 별로 중요한 문장이 아닌 줄 알았는데 신기하게도 초서하면서 새롭게 보이는 경우가 많다. 읽을 때 밑줄은 그었지만 별 울림은 없는 문장이었는데 적으면서 큰 울림을 느끼곤 한다. 적는 과정에서 글의 행간에 숨은 의미를 발견할 수 있기 때문이다. 적는 자체가 견문할 수 있는 환경을 만들어준다. 견문은 유심히 즉, 깊게 들여다보는 것이다. 너무 거창하게 생각하지 않아도 된다. 처음부터 대단한 의미를 발견할 필요는 없다.

안상헌은 《생산적 책읽기 두 번째 이야기》에서 명문장을 비틀면 멋진 글을 만들 수 있다고 말한다. 그가 말한 연습을 통해서도 견문하는 걸 살짝 배울 수 있다.

> 첫 번째 비틀기는 서술어를 바꾸어 보는 것이다. 예를 들어 '사랑이 멀리 있으면 삶도 멀리 있다'는 구절의 서술어를 바꾸어 보자. 사랑이 가까이 있으면 삶도 가까이 있로 바꿀 수 있다. (중략) 두 번째 비트는 방법은 명사를 바꾸는 방법이다. 주어나 목적어 같은 명사를 바꾸면 은유가 새로운 내용으로 변화됨을 알 수 있다. (중략) 책이 멀리 있으면 지혜도 멀리 있다. [3]

'책이 멀리 있으면 지혜도 멀리 있다.' 이렇게도 바꿀 수 있다. '책이 가까이 있으면 지혜도 가까이 있다.' 문장을 비틀어 보니 저자의 말대로 멋진 글이 되기도 한다. 적는 과정 자체가 다양한 생각을 하게 해준다. 생각을 글로 적는 것은 문장을 살짝 비틀어보기도 할 수 있지만, 언제든 다시 보고 고칠 수도 있다. 이게 노트의 강점이다. 만약, 책을 읽으며 머릿속에서만 생각했다면 어떨까? 흐지부지 사라질 확률이 높다.

다시 말하지만 노트에 적는 행위 자체가 견문하는 환경을 만들어준다. 글로 적는 것은 머릿속으로 생각하는 것보다 더 복합적인 작업이다. 손끝을 통해 텍스트로 적는 과정에서 새로운 감각도 동원하게 하고 좋은 문장을 곱씹으며 발견하게도 한다. 이렇게도 말할 수 있다. 멋진 문장을 발견해야 쓰는 것이 아니라, 써야 멋진 문장도 발견할 수 있다. 노트의 힘은 쓰는 과정에서 만들어진다.

스마트폰 시대의 사색

칸트는 매일 3시 30분이 되면 산책해서 사람들이 그를 보고 시간을 맞출 정도였다고 한다. 그런 그가 산책을 빼먹은 건 딱 두 번, 루소가 저술한 《에밀》을 읽을 때와 프랑스 혁명을 보도한 신문을 볼 때였다. 산책하며 사색하는 시간만큼 좋은 것이 있을까 싶다. 하지만 현대인은 칸트처럼 여유롭게 사색하기 힘들다. 바쁜 일상에서 틈을 내기가 쉽지 않고, 사색하는 데 최대의 방해꾼, 스마트폰도 나타났다.

동네 주변을 돌며 읽은 책을 사색할 때 행복하다. 가끔 훼방꾼 초등학생인 막내가 따라올 때는 예외다. 녀석은 아무 말 없이 걷기만 하는 나를 뻔히 보고 말한다.

"아버지는 왜 아무 말도 안 하고 걸어요."
"생각할 게 있어서."
"그럼 저하고 끝말잇기 하며 생각하세요."
"……."

혼자 홀가분하게 걸으며 생각하긴 틀린 날이다. 이럴 땐 막내 녀석에게 아이스크림 하나 사주고 집으로 돌아오게 된다. 혼자 산책하며 사색할 수 있으면 좋으련만, 여유 있는 시간을 만드는 데도 계획이 필요할 만큼 바쁜 시대다. 거기다 시간을 잡아먹는 괴물 스마트폰의 등장! 산책하는 가운데도 수시로 울리는 전화벨과 카카오톡, 문자, 밴드 알림음…. 이것저것 검색하다 보면 순식간에 시간이 간다. 책을 읽고 여유롭게 산책하며 사색하는 것은 남의 나라 이야기가 된다.

스마트폰 없이 산책하러 나가는 것

원고를 쓰는 요즘, 퇴근한 후 매일 저녁 1시간가량 산책한다. 걷는 동안 《월든》의 저자 헨리 데이비드 소로를 소심하게 흉내 내고 있다. 소로는 월든 호숫가에서 '인생이라는 것은 내가 한 번도 시도해보지 않은 실험'이라고 말하며 손수 오두막을 짓고,

최소한의 노동을 하며 2년 2개월을 자연에서 생활했다. 내 현실에서 소로를 그대로 따라 할 수는 없지만, 적어도 산책할 때만큼은 스마트폰을 집에 두고 나온다. 맨손으로 걷는 자발적인 단절을 경험하고 있다. 산책하는 동안 스마트폰과 의도적으로 떨어져 보니 원고를 쓰는 데도 큰 도움을 받았다. 전에는 잘 몰랐는데 주위 사람들이 얼마나 스마트폰에 영향을 받는지도 관찰할 수 있었다. 걷다 보면 멈춰있는 사람들과 마주치는데 영락없이 스마트폰에 빠져있다. 검색을 하는지, 문자를 보내는지 우두커니 서 있거나 바위에 앉아서 네모난 작은 상자에 열중하는 사람을 쉽게 볼 수 있다.

사실 스마트폰 없이 산책하는 건 나에게 쉬운 일은 아니었다. 예전에 통닭을 먹다 닭뼈가 목에 걸려 응급실에 간 경험이 있다. 그때 목에 피가 나고 숨 쉬는 게 고통스러웠는데, 공교롭게도 아내가 스마트폰을 놓고 산책하러 나가 연락할 수 없었다. 다행히 119에 신고하는 중간에 아내가 돌아와 응급실에 갈 수 있었다. 그 뒤로 얼마간 산책할 때도 스마트폰을 꼭 가지고 다녔다. 그런데 이번에 매일 한 시간이라도 적극적으로 스마트폰과 떨어져 보니 사색하는 데 많은 영향을 준다는 걸 새삼 느꼈다.

《유엔 미래보고서 2040》를 보면 과학이 고도로 발달한 미래 시대, 사고의 변화에 관해 리사 구얼티리 박사가 사람들이 심사

숙고하는 능력을 잃어버릴 것이라고 예측했다.

> 항상 연결되는 사회에서 한때 앉아서 즐거운 추억을 되새기면서 영감을 얻거나, 새로운 아이디어를 곱씹고 길게 사고하는 등의 즐거움을 잃어버린다. 문제를 가지고 숙고하는 습관을 잃음과 동시에 긴 사고가 혁신을 가져다준다는 사실조차 잊게 될 것이다.[4]

몰입의 순간을 만드는 독서노트

스마트폰이 사색을 방해하는 것에 관해 길게 이야기한 이유는 노트를 작성하게 되면 집중력이 높아진다고 말하기 위해서였다. 칸트처럼 산책하거나, 소로처럼 자연에 살며 실험할 필요 없이 노트 작성은 그 자체로 강력한 사색의 도구가 된다. 사색의 뜻을 사전에서 찾아보면 '어떤 것에 대하여 깊이 생각하고 이치를 따짐.'이라고 적혀있다. 노트 작성은 사고를 머릿속에서 끄집어내 글로 적으면서 깊이 생각하고 이치를 따져보는 작업이다. 손끝을 통해 글로 생각을 적을 때는 누구나 집중하게 된다. 생각이 머릿속이 아니라 노트에 새겨지는 과정을 눈으로 보기 때문이다. 생각을 적는 것 자체가 스마트폰 시대에 좋은 사색 방법의 하나인 셈이다. 손끝을 통해 적는 행위만으로도 집중력이 높아진다. 이 사실 하나로도 노트를 쓰는 가치는 충분하다.

법정 스님은 양서(良書)란 '읽다가 자꾸 덮어지는 책이어야 한다'라고 말했다. 그만큼 책을 음미하게 되기 때문이다. 꼭 노트를 써야만 생각과 사색을 잘할 수 있다는 말은 아니지만 글로 적는 과정 자체가 그런 환경을 만들어준다. 책을 읽다가 여백에 생각을 적을 때가 있다. 이것도 확장해보면 노트 작성의 작은 부분이다. 갑자기 떠오른 생각을 적는 것이지만, 그 순간만은 집중하게 된다.

나는 책을 읽을 때 되도록 스마트폰을 진동으로 놓고 눈에 보이지 않게 둔다. 최대한 독서에 방해받지 않으려는 행동이다. 대부분 그렇겠지만, 한창 집중해서 책을 읽다가도 스마트폰이 울리면 신경이 그곳으로 향한다. 슬프지만 나 역시 스마트폰에 빠르게 반응한다. 독서삼매경에 빠져 다른 소리가 들리지 않는 고수가 아닌 이상 그렇다.

단, 노트를 작성할 때는 약간 다르다. 집중력이 높아지는 것은 물론 스마트폰이 울려 생각을 빼앗기고 난 후에도 글로 생각을 적으면 몰입이 빠르게 된다.

노트는 백지 위에 자신이 적는 것으로 채워진다. 특히 학생들에게 독서한 후 노트를 쓰게 하면 힘들다 하면서도 글로 무언가 적는 순간만은 집중하는 모습을 볼 수 있다. 이 효과를 과소평가하지 말아야 한다. 나는 노트를 쓰면 쓸수록 이것이 스마트폰 시대에 최적의 사색 방법이라고 생각한다. 손끝으로 적는 순간 모든 신경이 생각을 새기는 데 집중되기 때문이다.

처음엔 힘을 빼고 거칠게 써라

노트와 메모의 결정적인 차이

메모는 짧은 글로 잊지 않기 위해 적는 것이다. 노트는 메모처럼 기억하기 위해 적는다기보다는 책 전체를 이해하고 거기서 얻은 자신만의 해석을 기록하는 것이다. 이동진은 《닥치는 대로 끌리는 대로 오직 재미있게 이동진 독서법》에서 이렇게 쓰고 있다.

> 흔히 인터넷을 '정보의 바다'라고 하는데, 그렇기 때문에 내가 원하는 결과를 바로 얻는 것이 오히려 어려울 수도 있습니다. 그런 의미에서 깊이 있는 내용이 체계적으로 담겨 있는 책을 읽는 것이 역설적으로 정보를 얻는 더 빠른 방법일 수도 있다고 하겠습니다. 그

맥락과 위치를 아는 게 정보의 핵심인 경우가 적지 않기 때문입니다.[5]

책은 하나의 주제를 가지고 보통 200~300페이지 분량으로 서술한다. 단순하게 말하면 책을 읽는다는 건, 하나의 주제에 관해 넓고 깊게 이해하는 행위다. 인터넷 검색을 통해 짜깁기한 얕은 정보는 노트 작성의 깊이를 따라올 수 없다. 쉽게 비유하자면 물이 담긴 컵에 잉크를 한 방울 떨어뜨리면 순식간에 번지는데 여기서 잉크 한 방울이 주제다. 저자가 책을 쓸 때 떠올린 첫 생각이 바로 주제인 것이다. 잉크가 번진 물은 주제를 독자에게 여러 가지 설명으로 풀어서 쓴 결과다. 노트를 작성한다는 건 컵에 번진 잉크 한 방울 찾기 즉, 책의 내용을 보고 주제를 찾아가는 작업이다.

책 전체를 관통하는 주제를 찾기 위해 많은 분량의 정보를 읽고, 노트를 작성하는 과정은 메모로는 절대 흉내 낼 수 없다. 노트는 책의 내용과 주제, 그와 관련해 자신이 생각하고 사색한 것까지 줄기에 달린 고구마를 수확하듯 줄줄이 떠올리게 한다. 메모는 단편적이지만 노트는 복합적이고 연속적이다. 물론 노트 작성은 처음 시작하는 사람에겐 쉽지 않은 작업일 수 있다. 나 또한 몇 번 쓰다 말기를 반복하며 포기한 경험이 있다. 그런데 적는 것이 쉬워지는 계기가 있었다.

힘 빼고 써야 써진다

잘 쓰기를 포기했더니, 오히려 더 즐겁게 작성할 수 있게 됐다. 쓰기가 어려웠던 이유는 잘하고 싶은 욕심 때문이다. 한번에 잘 정리하려던 게 문제였다. 많은 연습이 필요하다는 사실을 인정하려 하지 않았다. 깨끗하게만 쓰려고 하다 보니 오히려 노트 작성을 포기하게 했다.

무엇이든 처음 하는 일은 어색하고 힘들다. 일단 시작하는 것이 가장 중요하다. 어떤 형식을 갖추고 쓸 필요 없이 생각나는 대로 작성하면 된다. 시작부터 너무 깔끔하게 적으려 할 필요도 없다. 그럴수록 힘들어진다. 생각을 글로 변화시키는 작업을 처음 할 때는 당연히 낯설다. 좋은 틀에 대입해 작성한다 해도 1+1=2의 답이 나오는 수학 공식은 아니다. 어떤 형식을 갖추거나 요령을 배운다기보다 일단 쓰는 것이 먼저다. 완벽하게 쓰려는 태도가 오히려 발목을 붙잡아 생각마저도 경직시킨다. 검을 내려치는 연습을 수천 번 해야 검객이 될 수 있다. 노트를 잘 쓰고 싶은 마음은 굴뚝같지만, 시행착오를 거치지 않고 잘 쓸 방법은 없다.

'거칠게 쓰자. 낙서처럼 써도 좋다.' 이 마음을 가지니 노트가 만만해졌다. 잘 쓰려는 욕심을 내려놓으니 한두 줄 쓰다가 마음에 들지 않아 다시 적으려는 버릇을 고칠 수 있었다. 지금 생각해보면 별것도 아니었는데, 그 당시는 '잘 정리해야지'라는 결벽증이 있었다. 오죽하면 연습장에 정리하고 그걸 노트에 깨끗하게 옮겨 적거나 컴퓨터를 이용해 다시 기록하기도 했다. 작성하는 데 시간도 너무 오래 걸려서 오히려 노트를 쓰기보다 책을 다시 읽으며 머릿속으로 생각하는 편이 낫겠다 싶기도 했다.

그런데 해결책은 간단했다. '될 대로 대라! 맘에 안 들면 다음에 또 작성하자'라고 생각하며 꾸역꾸역 적으니 그때부터 기록이 쌓여갔다. '남 보여줄 것도 아닌데 깔끔하게 쓸 필요가 뭐 있나 그냥, 내 생각을 적는 일기장이다.' 이렇게 마음을 바꾸는 순간 쓰기가 전보다 자유로워졌다.

노트를 쓰면 왜 좋아요? 한 장도 써보지 않고, 질문만 계속하는 사람이 있다. 처음에 이것저것 경험해서 얻은 노하우를 설명해주어도 시큰둥한 표정이다. 그다음부턴 '그냥 대충 적어보시고 궁금한 점이 생기면 질문해주세요'라고 말했더니 무사통과다. 일단 써봐야 내가 무엇을 힘들어하는지 알 수 있다. 그러므로 대충 쓰는 것이 중요하다. 이 말을 하면 피식 웃는 사람도 있다. 그러나 노트 작성이 쉬워지는 데 이보다 더 좋은 방법은 없다.

미켈란젤로의 연습과 독서노트

자기 생각이라도 처음부터 명확히 알 수는 없다. 책 내용의 요약이든, 자신의 사색이든 처음부터 명료하게 의도대로 작성할 수는 없다. 노트를 계속 쓰며 다양한 방법으로 시도하다 보면 쉬워지고 해결책이 나온다. 독서도 마찬가지 아닌가. 양서만 골라 읽고 싶다고 해도 고르는 안목을 갖추지 못했다면 그럴 수 없다. 이것저것 다양한 책을 읽다보면 책을 고르는 안목이 높아지듯이 노트를 작성하는 것도 마찬가지다.

글로 쓴 생각은 사라지지도 않는다. 그러기에 일단 거칠게 쓴 글은 언제든 다시 다듬을 수 있다고 마음먹는 일이 중요하다. 조각가이자 건축가였던 미켈란젤로는 이렇게 말했다. "나는 대리석 안에 들어있는 천사를 보았고, 그가 나올 때까지 돌을 깎아냈다." 그는 불필요한 부분을 제거하는 과정을 통해 대리석 덩어리에서 다비드상을 깎아낼 수 있었다. 하지만 그전에 수많은 조각을 만드는 연습이 있었기에 가능한 일이다.

노트를 쓰는 것도 처음에는 정리가 잘 안 되고 거칠다 해도 괜찮다. 써 놓은 생각 덩어리를 다듬으면서 발전시키면 된다. 미켈란젤로가 대리석 덩어리에서 불필요한 부분을 제거해낸 힘이 수많은 연습의 결과물이라는 건 누구나 아는 사실이다. 노트도 수많은 반복의 기록을 통해 발전할 수 있다. 우선 힘 빼고 거칠게 쓰는 연습이 필요하다. 이 과정을 통해 자신만의 개성 있는 노트 기록을 만들어 낼 수 있다.

볼펜과 컴퓨터 사이에서

"빈 그릇은 채워지는 것에 따라 다르다." 《논어》에 나오는 말이다. 빈 그릇이 무엇을 채워 넣느냐에 따라 달라지듯이 빈 종이에 어떤 것을 적용하느냐에 따라 노트는 다양하게 바뀔 수 있다. 처음 노트를 작성하는 사람은 혼란을 겪는다. 좋은 틀에서 작성하고 싶은 마음이 있기 때문이다. 하지만 단호하게 말하고 싶다. 다른 책에 나온 '독서노트는 이렇게 써라'와 같은 말은 무시하고 먼저 자신이 생각한 대로 시작하라. 그 과정에서 점진적으로 보완해나가면 된다. 노트 작성은 자신이 읽은 책에 대해 창의적으로 표현하는 것이다.

하지만 독서를 이제 막 시작해서 읽기에도 벅찬 분도 있다. 처음부터 빈 종이에 무엇을 채워야 하나 막막할 것이다. 그럴 땐 좋은 문장 초서하기부터 시작하면 된다. 노트를 작성한 게 쌓여가고 익숙해지면 조금씩 다양한 방법으로 빈 노트를 채워나간다. 자신이 생각하는 대로 시작하는 게 중요하다. 어떤 틀에 대입하기보다 스스로 생각하는 힘을 키워야 한다.

'이 소설은 전체 줄거리를 기록하는 패턴으로 적어볼까?'
'이 에세이는 좋은 문장이 자꾸 떠오르는데 초서 위주로 해볼까?'
'이 책에서 소개하는 습관을 내 일상에 어떻게 적용할 수 있을까? 관점을 작성해볼까?'

어려운 이야기가 아니다. 빈 종이에 작성할 때 누군가 이렇게 하면 좋다고 제시해준 방법을 찾고 따르기보다 자신에게 묻고 쓰는 것이 먼저다. 이게 창의적 노트 쓰기의 핵심이다. 그런데 고민은 다른 데서 생겼다.

아날로그냐, 디지털이냐 그것이 문제로다

노트를 작성한 횟수가 늘면서 오히려 아날로그냐, 디지털이냐 하는 선택의 문제가 생겼다. 노트라 하면 당연히 종이노트가 먼저 떠오른다. 처음 2년까지는 종이 노트에 볼펜으로 직접 썼다. 두께는 적당히 얇고 표지가 잘 구겨지지 않는 종이 노트를 골라 좋은 문장을 일일이 손으로 적었다. 적고 싶은 분량이 많으면 손가락이 아프기도 했다.

종이 노트의 매력은 연결성에 있다. 한 페이지 한 페이지 채우다 보면 더 채우고 싶어진다. 가끔 직장에 노트를 가져오지 않는 날이면 점심시간이나 짬짬이 남는 시간에 적지 못해 허전하고 어색해질 정도였다. 종이로 된 노트 특유의 질감 또한 좋다. 내 손때가 묻은 노트는 만져볼수록 정이 든다. 한 권의 노트를 가득 채웠을 때는 끝까지 해냈다는 성취감과 만족감이 생긴다. 새 노트를 준비할 때는 기분도 좋고 마음가짐도 새로워진다. 책장 한구석에 차곡차곡 쌓이는 노트를 보는 것도 즐거움의 한 요소다. 무엇보다 종이 노트는 손으로 적기에 자유분방하게 작성할 수 있다. 그림을 그릴 수도 있고, 마인드맵을 만들어가며 쓸 수도 있다.

하지만 읽은 책이 늘어가고, 노트가 쌓이면서 고민에 잠겼다. 적는 시간과 자료 검색에서 문제가 생겼다. 분명 손으로 적을 때가 더 좋았지만, 직장에 다니면서 쓰기엔 시간이 부족했다. 하루 중에 남는 시간 틈틈이 책을 읽고 노트까지 쓰려니 힘들었다. 책을 읽으면 읽을수록 (특히 실용서나 자기계발서는) 독서 시간은 단축되었다. 거기에 비해 노트 작성에 드는 시간은 예전과 별 차이가 없었다. 책 읽는 속도는 빨라졌는데, 손으로 적는 속도는 거의 그대로였다. 계속 손으로 적어야 하나? 아니면 컴퓨터를 이용해 써야 하나? 한동안 고민했다. 생각다 못해 노트도 쓰고 컴퓨터를 이용해 옮겨 적었다. 어떤 방법을 선택해야 할지 결정하기 힘들어서 둘을 병행한 것이다. 확실히 종이 노트에 적는 게 속도는 느리지만 다양하게 표현할 수 있고 손으로 쓴 게 키보드로 칠 때보다 기억에 더 남았다. 컴퓨터로 옮겨 적으면 다른 건 몰라도 빠르게 쓸 수 있고, 마음대로 복사해서 다른 곳으로 옮길 수 있어서 좋았다. 노트도 작성하고 그것을 컴퓨터에 다시 옮기는 작업을 계속하다가 현재는 바로 컴퓨터를 이용해 작성하고 있다.

최선책과 차선책

'손으로 적을 것인가? 컴퓨터로 기록할 것인가?' 둘의 장단점을 고려해 각자 취향과 조건에 맞는 방법을 선택하면 된다. 둘을 병행할 수도 있다. 어떤 방법을 선택할지 나는 오랜 시간 고민했다. 볼펜을 들고 손으로 직접 쓰면 손이 움직이면서 글의 행간에 숨은 뜻을 발견할 때가 많다. 그렇게 나에게 들어오는 것은 기억에 더 오래, 더 강렬하게 남는다.

컴퓨터를 이용할 때도 마찬가지다. 문장을 사진으로 찍어 올리면 시간을 더 단축할 수도 있지만 나는 분량이 많더라도 대부분 자판을 두드리며 한글로 작성한다.(볼펜을 쥐고 적을 때보다는 깊이가 덜 하지만) 화면에 텍스트를 한 자씩 입력하며 보는 것이 효과적이기 때문이다. 의심스럽다면 좋아하는 문장을 사진으로 찍어 노트 기록처럼 모아서 비교해보라. 바로 차이를 알 수 있다. 왜 그럴까? 텍스트를 찍은 사진도 이미지로 보는 습성이 있기 때문이다. 컴퓨터로 작성한다 해도 자판을 이용할 때 더 효과적일 수밖에 없다.

경험에 따른 나의 결론은 다음과 같다. 시간이 허락한다면 종이 노트에 직접 쓰는 게 좋다. 이것은 여유롭게 산책하면서 사색할 때와 비슷한 느낌이 든다. 더 좋은 방법은 종이노트에 기록한 내용을 다시 컴퓨터에 정리하는 것이다. 최고의 방법인데 늘 시간이 부족한 사람들이 실천하기는 어렵다. 차선책은 컴퓨터에서 작성하는 것이다. 단 컴퓨터를 사용해도 텍스트를 자판으로 한 글자씩 입력해야 한다. 그렇게 작성하는 속도에서 생각과 사색을 할 수 있기 때문이다.

노트에 기록하지 않을 때는 '독서 따로, 사색 따로'라고 생각했다. 하지만 노트에 적으면서 생각이 바뀌었다. 적는 시간 자체가 책을 요약해보고 사색하는 시간이다. 산책하며 사색할 수도 있지만, 나에겐 노트 작성이 글로 산책하며 사색하는 것과 같았다. 펜을 들든 자판을 치든 그 시간을 온전히 사색하는 시간으로 만들어야 한다.

2

나만의 사색 도서관을 짓다

나만의 사색 도서관을 가지고 있는가?
노트 기록이 쌓이면 쌓일수록 세상 유일한 내 생각과 사색을 모아 놓을 수 있다. 이것은 눈으로 보는 세상과 달리 손끝을 통해 생각을 글로 기록하는 곳에서만 가능한 일이다.

책을 읽어도 떠오르는 기억이 없다. 이해가 잘 안 된다. 읽고 나면 남는 게 없다.
무엇이 문제일까? 고민해도 답이 보이지 않는다. 문제는 보이지 않는 생각에 있다.
새로운 것은 나를 바꿔야 보인다. 노트 작성에서 자신의 관점을 디자인할 필요가 있다.

독자의 관점으로 감상하고, 초서한다.
저자의 관점으로 요약하고 주제를 찾는다.
자신의 관점으로 재해석한다.

세 가지 관점으로 적고, 발견하고, 수정하며 기록을 만들면 세상 유일한 나만의 사색도서관을 가질 수 있다.

저장

사색의 도서관을 짓자

어떻게 적는 게 가장 좋을까

독서노트를 쓰기로 결심하고 나서 첫 번째 마주치는 고민은 '어떻게 적을 것인가'이다. 책을 읽은 후 막상 노트 작성을 하려면 어떻게 적어야 할지 막연하게 느껴진다. 내용을 적어야 할까? 주제를 찾아야 할까? 느낀 점을 적어야 할까? 대부분의 사람들이 누군가 '이렇게 써라' 하고 제시한 형식을 찾는다. 한 권의 책을 읽고 좋은 문장 5개를 찾아 써보라고 말하는 사람도 있다. 이때 무조건 따라 하기보다 노트 작성에 대해 더 생각해봐야 한다. 노트 작성은 이렇게 정의할 수 있다.

‘노트 = (밖에 나온) 뇌.’

‘작성 = (머릿속 생각을 글로 바꾼) 사색.’

노트를 작성한다는 건 머릿속 생각을 끄집어내서 밖에 나온 뇌, 즉, 노트에 생각과 사색을 글로 적는 일이다. 결국 머릿속에서 생각한 것을 글로 풀어쓴 작업이므로 ‘어떻게 적을 것인가’는 자기 생각에 따라 좌우된다.

여기서 누군가 제시한 형식에 따라 작성하는 것과 스스로 생각해서 만들어가는 것의 장단점을 알아볼 필요가 있다. 전자는 제시한 방식대로 적으면 되니 어떤 형태로 적을까 고민할 필요가 없다. 대신 다른 사람의 틀에 자기 생각을 맞춰야 한다. 후자의 장점은 어떤 방식으로 적을지 매번 자신이 결정해야 하므로 생각하는 힘이 세지고, 노트 작성의 구상도 다양해진다. 한편 그만큼 혼란스럽고 자신의 방법이 맞는지 의심이 들기도 한다. 나는 후자를 택했다. 그래봤자 처음에는 책의 문장을 초서했다. 쉽게 말해 마음에 드는 내용을 옮겨 적는 것이 대부분이었다. 그러나 시행착오를 겪으며 작성할 때마다 ‘한 권의 책을 읽고 나서 어떻게 정리하면 좋을까?’라고 고민한 결과 다양한 방법으로 노트 작성을 할 수 있게 되었다.

처음 시작하는 사람이라면 두 가지의 장단점을 따져 하나를 고르거나 두 가지의 장점만 선택해도 괜찮다. 나는 이 책을 읽는 독자들이 '혼란'을 선택했으면 좋겠다. 다양한 관점의 사고는 혼란함을 동반한다. 오히려 혼란스러움을 즐길 때 노트 작성 실력은 좋아진다. 두 방법을 무 자르듯 구분해 어느 하나의 방식으로만 접근할 필요는 없다. 제시된 형식 중 내 관점에서 필요한 것만 골라 작성하면 된다. 무엇보다도 노트 작성의 첫걸음은 일단 쓰는 것이다. 두 방법 가운데 하나를 선택하든, 절충하든 먼저 작성해보고 필요하면 나중에 수정하겠다는 자세로 시작하는 게 중요하다. 독서도 마찬가지다. 책을 읽는 것이 먼저다. 이 과정에서 안목도 생기고 책을 소화하는 능력도 좋아진다. 결국, 시행착오를 겪으며 읽는 행위가 독서력을 향상시킨다. 노트를 잘 쓰는 비법은 자기 생각과 사색을 글로 써가면서 발전시키는 것이다. 그 원동력은 잘 쓰든, 못 쓰든 꾸준히 작성하는 것이다.

책이라는 거인의 어깨 위에 올라서야

노트 작성을 꾸준히 하면 사색한 것이 쌓인다. 뇌는 입력된 정보를 장·단기 기억으로 저장한다. 자신에게 중요하고 강력한 정보는 장기기억으로 저장된다. 나머지 대부분은 단기기억으로 처리되어 무의식 속으로 사라진다. 나는 노트를 '밖으로 나온 뇌'라는 말로 자주 표현한다. 머릿속 생각은 장·단기 기억으로 저장되지만, 노트에 적은 생각은 머릿속에서 처리하는 것과 다르다. 장·단기 기억으로 처리되는 게 아니라, 생각이 글로 남아 쌓인다. 노트에 적으면 기억을 눈으로도 찾을 수 있다.

그러면 어떻게 작성할 것인가? 고민을 머릿속과 다르게 먼저 기록하고 찾는다고 사고해야 한다. 여기서 다양하게 경험해보는 것이 중요하다. 야구 경기에서 타자가 제일 무서워하는 투수는 어떤 공을 던질지 예상하기 힘든 선수다. 투수가 다양한 구질을 가졌다면 타자는 어떤 공을 던질지 예측하기 더 힘들어진다. 투수가 끊임없는 연습으로 다양한 구질의 공을 던질 수 있듯이 노트 작성도 시행착오를 거치면서 다양한 방법으로 적다 보면 좋은 방법을 만들 수 있다. 또 그렇게 작성한 자료는 그대로 노트에 남아있기 때문에 잊을까 걱정할 필요도 없다. 그리고 그 자료 위에서 생각을 더할 수 있다.

자신의 시야를 넓혀 더 멀리 보고 싶다면 거인의 어깨에 올라가서 봐야 한다. 책은 우리에게 거인의 역할을 해준다. 책을 통해 생각이 커지고 넓어진다. 더불어 의식이 높아진다. 이렇게 독서를 통해 자기 생각과 사색을 깊이 있게 하는 것은 노트 작성을 통해 고스란히 남고 쌓인다. 한 권의 책을 사색한 덩어리가 하나씩 늘어나고 언제든 볼 수 있다는 건 설레는 일이다. 쌓인 생각과 사색은 도서관의 서가와 같이 차곡차곡 진열해 놓을 수 있다. 머릿속에서 기억을 떠올리듯 검색기능에 따라 노트에 작성한 내용을 찾아볼 수 있다. 노트 기록을 필요할 때 찾을 수 있다면 세상에 유일한 나만의 사색도서관을 세울 수도 있다.

도서관을 내 방에 가져다 놓는 대신

책을 대출하기 위해 도서관에 자주 간다. 그곳에 가면 원하는 책이 수없이 나를 기다리고 있다. '한 권의 책을 읽을 때마다 한 사람의 인생을 만날 수 있다'라는 말이 있다. 책과 책이 있는 도서관 복도에 서 있으면 무수한 사람이 책장에서 나를 부르는 착각을 불러일으킨다. 우리나라는 도서관 시설이 잘돼 있다. 퇴근길에 이곳에 들러 맘껏 책을 볼 수 있다는 사실에 항상 감사한 마음이 든다. 가끔 도서관을 내 방에 갖다 놓으면 얼마나 좋을까 상상해본다. 하지만 현실에선 불가능하다. 그만큼 큰 공간이 있는 집에서 살 수 없다. 그러나 노트라면 가능하다. 종이 노트는 몇 십 권 놓을 공간만 있어도 된다. 컴퓨터를 이용하면 그마저도 필요 없다.

'세상 유일한 나만의 사색도서관.' 얼마나 근사한가. 내 생각과 사색을 보고 싶을 때 언제든 대출해서 찾아볼 수 있다. 사색도서관은 24시간 연중무휴다. 내가 원할 때 언제든 열람할 수 있다. 다만 마음껏 사용하고 싶다면 그만큼 사색도서관에 작성한 자료를 꾸준히 채워 넣어야 한다. 책을 읽고 노트 작성을 해야 한다. 자기 생각과 사색이 쌓여있는 곳. 눈으로만 읽는 독서로는 절대 사색도서관을 만들 수 없다. 노트만이 할 수 있는 유일한 방법이다. 처음은 어색하겠지만, 몇 가지 핵심만 알면 누구나 할 수 있다. 세상 유일한 나만의 사색도서관.

노트 작성의 저자는 쓰는 자이다. 그곳의 주인이 되기 위해 시작할 것은 지금부터 사색도서관에 자신이 작성한 노트를 하나씩 채워 나가는 일이다. 제 아무리 똑똑하거나 독서고수라고 해도 소용없다. 이것은 오로지 적는 자만 누릴 수 있는 특권이다.

《책은 도끼다》, 예민한 촉수

"앗 따가워." 거실에 있는 화분에 물을 주다 선인장 가시에 손등을 찔렸다. '가시에 찔리면 아프겠지?'라는 생각과 직접 가시에 찔려 본 경험은 하늘과 땅 차이이다. 책을 읽는 것도 마찬가지다. 어떤 책을 읽을 때 누군가에겐 무덤덤하게 느껴지고, 또 누군가에는 도끼를 맞는 것처럼 울림으로 다가가기도 한다. 《책은 도끼다》를 읽으며 궁금해진 것은 '책을 통해 그 울림을 어떻게 느낄 수 있는가?'였다. '책이란 무릇, 우리 안에 있는 꽁꽁 얼어버린 바다를 깨뜨려버리는 도끼가 아니면 안 되는 거야.' 카프카 말을 인용하며 시작하는 서문. '보고 나면 다시 읽고 싶고, 다시 보면 여운이 남는 책.' 나에겐 《책은 도끼다》가 그런 책이다. 노트에 초서한 글 가운데 이런 문장이 있다.

> 성이 난 채 길을 가다가, 작은 풀잎들이 추위 속에서 기꺼이 바람 맞고 흔들리는 것을 보았습니다. 그만두고 마음 풀었습니다.
>
> _〈길에서〉 전문[6]

가녀린 풀잎 하나를 이런 시선으로 볼 수 있다는 것이 부럽다.

나에겐 보이지 않던 세계다. 저자 박웅현은 책을 통해 이런 시선을 느끼고, 배울 때 자기만의 예민한 촉수도 만들어진다고 한다. 그리고 예민해진 촉수가 자신이 먹고사는 생업을 도왔다고 한다. 책을 통한 울림이 자신의 일상을 풍요롭게 해주는 것이 바로 도끼질의 흔적이리라. 《책은 도끼다》는 다독을 추구하던 내게 '얼마나 울림을 주었는가?' 하는 문제가 더 중요하다는 사실을 알려주었다. 예민한 촉수가 만들어져 책이 저자 말처럼 생업을 돕고, 일상에 위안이 되고, 삶에 가치 있는 의미로 다가올 때, 그 울림은 커진다.

소유하지 않아서 더 즐길 수 있구나

《책은 도끼다》를 통해 소유에 관해서도 다른 시선을 가질 수 있었다. 그리고 그것은 나에게도 예민한 촉수를 만들게 해주었다.

> 산은 내 개인의 소유가 아니기 때문에 마음 놓고 바라볼 수 있고 내 뜰처럼 즐길 수 있다.[7]

《살아 있는 것은 다 행복하라》에 나오는 말을 인용하며 저자는 법정 스님이 소유를 바라보는 시선에 대해 이야기한다. 그는 이 문장을 일상적인 삶으로 끌어들여 국립중앙도서관 정원을 자신 앞마당처럼 거닐었다.

> 도서관은 내 왕궁이고 정원은 우리 앞마당 같아요. 왕궁에 머물 수 없으니까 저 너머에 숙소를 하나 따로 정해놓고 지낸다 생각하는데, 도서관을 지나 정원에서 바람을 쐬고 계단을 내려가 진짜 우리 집으로 가요. 그리곤 저녁 식사를 하고 집사람과 다시 나와 정원을 산책하곤 하죠. 함께 걸으면서 제가 한 얘기가, 이게 우리 정원이 아니니까 이렇게 온전히 누릴 수 있다는 것이었습니다.[8]

저자는 '산은 내 개인의 산이 아니라 마음 놓고 바라볼 수 있고 내 뜰처럼 즐길 수 있다'라는 법정 스님의 시선을 자신의 일상으로 끌어들인다. 국립중앙도서관이 자신의 소유가 아니어서 더 자유롭게 누릴 수 있다는 깨달음. 책을 통해 예민한 촉수를 만들었기에 가능한 일이다. 책을 읽고 머리로만 이해하던 나를 돌아보게 했다.

그가 말한 시선을 내 일상에도 만난 적이 있다. 오래된 나무를 보러 가까운 곳에 1년가량 다녔다. 보호수로 지정된 나무 위주로 찾아보면서 나무와 교감하는 시간이 즐거웠다. 한 번은 내가 사는 천안에서 조금 멀리 있는 서산에 회화나무를 보러 갔다. 천연기념물로 지정된 나무는 마을 안에 있었다. 그리고 나무에서 손만 벌려도 닿을 만한 곳에 집 한 채가 있었다. 집주인은 일년 내내 선비의 자태를 풍기는 회화나무를 볼 수 있다. 내가 사는 집에 이 나무가 있으면 얼마나 좋을까. 나무가 그 집의 소유인 듯해서 부러웠다. 한참 나무 구경에 빠져있는데 할머니가 대문을 열고 나오셨다. 그 집에 사시는 게 부럽다고 말씀드렸다. 하지만 할머니의 대답 속에 등장하는 나무의 존재는 내 생각과 달랐다. 나의 졸저《나무와 말하다》에 쓴 문장을 옮겨본다.

> 사진을 찍으며 나무 주변을 서성이고 있을 때, 할머니 한 분이 집에서 나오셨다. 낯선 사람들이 마당에서 왔다 갔다 하고 있으니 궁금하셔서 나온 것이다.
>
> "안녕하세요."
>
> "나무 보러 왔어?"
>
> "네, 어르신 집 앞에 멋진 회화나무가 있어 좋으시겠어요."
>
> "안 좋아. 나뭇잎이 온 집안에 떨어져 치우기가 힘들어."
>
> 이렇게 멋진 나무가 내 집 마당에 있으면 얼마나 좋을까. 부럽기까지 했는데 나무의 크기에 비해 집은 고목에 매미처럼 작게 보였다. 그러니 저 많은 나뭇잎이 떨어질 때면 엄청난 양이 집에 쌓일 것이다. 그것을 치우는 게 힘에 부치신다는 할머니의 말에 고개가 끄덕여진다.

나는 아무 부담 없이 회화나무를 안아보고, 맘껏 볼 수 있는 입장이라 행복하다는 생각이 든다.

'소유하지 않아 오히려 더 나무를 즐길 수 있구나!'[9]

할머니와 처지를 바꿔 그 집에 내가 산다면 나 역시 똑같이 말했을 것이다. 키가 큰 회화나무에 비해 집이 더 작게 보였다. 가을이면 나뭇잎이 떨어져 지붕 배수관을 막아버릴 때도 있다. 매일 마당을 쓸어야 한다. 전국각지에서 온 사람들이 나무를 보려고 시도 때도 없이 앞마당을 서성이는 것도 신경 쓰인다. 전에는 어떻게든 소유할 수만 있다면 행복하다고 생각했다. 소유하지 않기에 더 자유로울 수 있다는 걸 몰랐다.

《책은 도끼다》의 저자는 법정 스님의 책을 통해 울림을 받았고, 그 울림은 얼음을 깨뜨리는 도끼가 되었다. 나는 그의 책을 읽고 울림을 받았다. 책을 왜 읽는가? 많은 이유가 있지만, 예민한 촉수를 만들기 위해서다. 그는 법정 스님의 말을 감지하는 예민한 촉수를 가졌다. 이게 내가 배우고 싶은 부분이었다. 이 책을 읽은 뒤 내 일상에서도 소유에 관해 생각하는 폭이 넓어졌다.

《책은 도끼다》에서 저자는 말한다. '이렇게 울림이 있는 것들과 함께하면 좋은 점은 무엇보다 삶이 풍요로워진다는 겁니다.'

책을 통한 울림, 그것을 찾는 예민한 촉수를 만드는 일이 중요하다. 자신이 보지 못했던 시선으로 세상을 바라보는 것은 행복한 일이다. 이 책을 읽으며 얻은 것이 또 한 가지 있다. 다독을 위해 빠르게 읽던 습관을 고친 것이다.

> 저는 책 읽기에 있어 '다독 콤플렉스'를 버려야 한다고 생각합니다. 다독 콤플렉스를 가지면 쉽게 빨리 읽히는 얇은 책들만 읽게 되니까요. 올해 몇 권 읽었느냐, 자랑하는 책 읽기에서 벗어났으면 합니다. 일 년에 다섯 권을 읽어도 거기 줄 친 부분이 몇 페이지냐가 중요한 것 같습니다. 줄 친 부분이라는 것은 말씀드렸던, 제게 '울림'을 준 문장입니다. 그 울림이 있느냐 없느냐가 중요한 것이지 숫자는 의미가 없다고 봅니다.[10]

독서

어떤 경우든 책 읽는 즐거움이 먼저

'책 읽는 즐거움이 먼저다.' 노트를 잘 쓰고 꾸준히 지속하는 데는 아이러니하게도 독서가 가장 중요하다. 노트 작성에 앞서 순수한 독자로서 책에 푹 빠져 읽는 것이 좋다. 처음부터 분석하고, 해석하면서 읽고자 하면 책 읽는 재미가 반감된다. 물론 시작부터 독자, 저자, 편집자 등 다양한 시선으로 접근하며 책을 읽을 수도 있다. 그러나 내 경험으로는 본문을 읽을 때 리듬이 뚝뚝 끊어져서 몰입하며 즐기는 독서가 어려웠다. 소설을 읽을 때처럼 새벽이 된 줄도 모르고 읽는 그런 즐거움을 느낄 수 없었다. 정보서나 자기계발서는 요령 있게 핵심만 읽는 방법도 있지만, 그래도 읽는 재미가 먼저다. 노트 작성은 독자 입장에서 즐겁게 읽고 난 후 다양한 시선으로 분석하고 해석해도 늦지 않다.

책을 저자가 만들어 놓은 수영장이라고 생각해보자. 그러면 물속에 들어가 맘껏 수영을 해보는 것이 먼저다. 순서를 바꿔 저자가 수영장을 만든 의도는 무엇일까? 주제는? 구성은? 등 노트 작성할 것을 미리 생각하며 읽을 필요가 없다. 독자로서 책에 푹 빠져 읽으며 좋은 문장에는 밑줄 치고, 떠오르는 생각이 있으면 여백에 메모하는 정도로 충분하다.

인디언으로 생활하는, 작은 나무라고 불리는 어린 소년의 시선으로 쓴 책, 포리스트 카터의 《내 영혼이 따뜻했던 날들》을 읽은 적이 있다. 주인공이 할아버지, 할머니와 함께 숲속 자연에 살아가는 모습을 그려냈다. 순수한 독자로 책에 푹 빠져 읽을 때, 주인공과 할아버지 옆에서 발을 동동 구르며 읽던 문장이 있다. 맨손으로 물고기를 잡던 어린 주인공 앞에 방울뱀이 머리를 쳐들고 코끝에 닿을 듯한 거리에서 노려보고 있었다. 마른 침을 삼키며 읽어 내려간 문장이다.

> 소리 나는 쪽으로 고개를 돌렸다. 방울뱀이었다. 긴 몸을 둘둘 말아 똬리를 틀고 앉은 그놈은 머리를 바짝 치켜세운 채 나를 내려다보고 있었다. 내 얼굴에서 불과 15센티미터밖에 떨어지지 않은 곳이었다. 몸이 빳빳하게 얼어붙은 나는 움직일 수가 없었다. 그놈의 몸통은 내 다리보다 굵었다. 나는 꺼칠한 껍질 밑에서 그놈의 근육

이 꿈틀거리는 것을 볼 수 있었다. 그놈은 독이 올라 있었다. 나와 뱀은 서로를 노려보았다. 날름거리며 내미는 혀는 거의 내 얼굴에 닿을 지경이었고, 가늘게 찢어진 그 눈은 빨갛고 징그러웠다.[11]

어린 주인공은 물고기를 잡다가 방울뱀과 코끝에 닿을 만큼 가까운 거리에 마주한다. 두려움이 온몸을 휘감아 움직일 수도 없다. 절체절명의 순간.

"고개 돌리지 마라. 움직이지도 말고. 눈도 깜박이면 안 된다."

나는 아무것도 움직이지 않았다. 모든 공격 준비를 다 갖춘 뱀의 머리가 더 높이 쳐들렸다. 이제 그놈이 공격을 멈춘다는 것은 불가능했다.

그때였다. 할아버지의 커다란 손이 번개처럼 내 얼굴과 뱀의 머리 사이로 끼어들었다. 그 손은 움직이지 않고 그 자리에 멈춰있었다. 방울뱀은 머리를 더 높이 쳐들고 쉿쉿거리기 시작했다. 새된 방울 소리도 더불어 더 높아졌다. 만일 할아버지가 손을 움직이거나 움츠린다면……. 뱀은 내 얼굴을 정면으로 공격할 것이다. 나도 그 사실을 알고 있었다. (중략)

뱀은 눈 깜짝할 새에 칼날처럼 강하게 공격해 들어왔다. 마치 총알처럼 할아버지의 손을 문 것이다. 그래도 할아버지의 손은 꿈쩍도

> 하지 않았다. 아귀처럼 벌어진 입이 할아버지의 손을 절반쯤 물었을 때, 날카로운 어금니가 살 속 깊이 박히는 모습이 내 눈에 선연히 들어왔다.[12]

소설 속에서 할아버지는 할머니의 도움으로 다행히 죽음의 위험을 넘기고 회복한다. 실제 일어난 일은 아니지만, 주인공이 할아버지에게 느낀 사랑을 표현한 것이다. 자꾸 떠오르는 대목이다. '사랑에 앞선 행동'이라고 해야 할까. 나라면 어떠했을까? 할아버지가 손을 내민 것은 생각보다 몸이 더 빠르게 반응한 사랑의 행동이었다. 《내 영혼이 따뜻했던 날들》을 읽을 때, 자연에서 살아가는 할아버지, 할머니, 손자의 모습에 때 묻지 않은 영혼을 만나는 기분이었다. 읽는 내내 자연의 품에서 주인공 '작은 나무'의 시선으로 뛰어다니고, 함께 음식을 맛있게 먹고 서로를 의지하는 가족의 사랑을 느꼈다.

순수한 독자로 푹 빠져 읽기

소설을 읽을 때 이것저것 생각하지 않고 이야기에 푹 빠져 읽었다. 백인 문화로 인해 피해를 받은 인디언의 역사보다 함께 살아가는 가족의 모습에 빠져 보았다. 책 읽는 즐거움이 먼저다.

독서하면서 어떻게 노트 작성을 할까 먼저 고민할 필요는 없다. 다 읽고 나서 '이 책을 어떻게 분석해야 할까?' '좋은 문장은?' '주제는 무얼까?'를 생각해도 늦지 않다.

책은 분야별로 다양하게 읽을 수 있다. '어떤 책은 맛만 볼 것이고, 어떤 책은 통째로 삼켜버릴 것이며, 또 어떤 책은 씹어서 소화해야 할 것이다'라는 베이컨의 말을 빌려 이야기할 수 있다. 맞다. 책에 따라 다양하게 읽을 수 있다. 이때도 책 읽기 자체의 즐거움을 느끼는 것이 노트 작성보다 먼저다. 책을 읽으면서 좋은 문장에 밑줄도 치고, 메모도 할 것이다. 이것은 책 읽는 즐거움을 느끼며 자연스럽게 할 수 있는 행동이다.

순서를 바꿔 책을 분석하는 것이 앞서면 독서의 즐거움은 반감된다. 순수한 독자로서 책에 푹 빠져 읽는 즐거움을 놓치고 노트 작성을 하는 것은 주객전도(主客顚倒)다. 노트 작성을 하다가 책 읽는 재미가 시들해진다면 꼭 확인해봐야 한다. 노트를 쓰는 작업이 책을 즐기는 걸 방해한다면 결국 독서도 용두사미(龍頭蛇尾)로 끝날 수 있다. 노트를 쓰는 것은 독서 후 활동이다. 책을 다 읽고 나서 분석하고 요약해도 늦지 않다. 독서가 시들해지면 노트 작성도 할 수 없다. 나 또한 뼈저리게 경험한 바다. 어떤 경우라도 책 읽는 즐거움이 먼저다. 이것이 노트를 잘 쓰는 첫 번째 원칙이다.

《나는 이렇게 될 것이다》, 죽음이 곧 퇴직인 삶

2015년 12월 30일 노트에 작성한 것을 대부분 그대로 옮겨 적었다. 좋은 문장을 초서하고 내 생각을 적었다. 구본형 작가의 2002~2013년 칼럼 모음집. 《나는 이렇게 될 것이다》에는 저자가 글을 쓰기 시작할 때부터 생을 마감할 때까지의 삶에 대한 태도, 꿈, 진실 등이 담겨있다.

> 삶의 일회성이야말로 우리를 빛나게 한다.

나는 삶이 일회성이기에 날마다 찬란하게 꽃피워야 한다는 무언의 압박감을 느꼈다. 이 순간에도 손가락 사이로 빠져나가는 모래처럼 시간이 흐르기 때문에 불안했다. 이 책을 보면 그는 일상에서 해답을 보여준다. 자신의 삶에 최선을 다하며 이렇게 말한다.

> 나는 평범한 인간 속에 살고 있는 위대함에 열광한다.[13]

이 책에서 문장 하나만 고르라면 나는 서슴없이 '평범한 인간

속에 살고 있는 위대함'을 꼽는다. 그리고 그 위대함에 열광하는 삶을 찾아 나설 때, 인간은 위대해질 수 있다는 사실을 문득 깨닫게 된다. 그렇다면 '평범한 인간 속에 살고 있는 위대함'은 무엇일까? 저자의 일상을 보며 힌트를 찾았다.

> 요즘 나는 인생이 참으로 아름답게 느껴진다. 돈을 더 잘 벌어서도 아니고 특별히 좋은 일이 몰려들어서도 아니다. 그저 삶에 대한 태도를 조금 바꾸었을 뿐이다.[14]

'삶에 대한 태도를 조금 바꾸는 것'만으로도 인간은 위대해질 수 있다. 구본형 작가는 24시간 중 2시간을 자신이 좋아하는 일인 글을 썼다고 한다. 나는 엄청난 각오와 의지가 있어야만 위대함을 찾을 수 있다고 생각했다. 하지만 그 생각 때문에 위대함에 접근하지 못한 것이다. 저자처럼 내 일상에서 찾아내야 하는 위대함은 무엇일까 질문해본다.

거창함을 추구하기보다 오늘에 최선을 다하는 태도로 바꾸는 것.
주변 눈치를 보지 않고 나답게 살려고 하는 것.
유머로 삶에 여유를 가지려 하는 것.
즐거운 일을 찾아 그것에 흠뻑 빠져 춤을 추는 것.

일상에서 자주 감동하는 것.
기도하는 것.
사람들을 조건 없이 사랑하는 것.
배려하는 삶을 사는 것.

> 변화는 불행한 사람들의 주제다. '지금의 나'와 '내가 바라는 나' 사이의 간격을 인식하는 불행한 자각으로부터 변화는 시작한다. 이 간격을 못 견디는 절박한 사람만이 이 길을 선택한다. 변화는 에너지를 많이 요구하는 작업이다. 자신에 대한 창조적 증오 없이는 이 에너지를 공급받을 곳이 마땅치 않다.[15]

그에게 평생 화두는 '변화'였다. 그 변화가 직장생활을 하던 그를 일인 경영자가 될 수 있게 했다. '변화경영전문가'였던 그를 아는 사람들은 그에게 혁명가 기질이 있다고 말한다. 누구나 '변화'를 말할 수 있다. 하지만 그는 변화가 절박한 사람만이 논할 수 있는 말이라고 한다.

> 평범한 재주를 가진 사람 기준으로 책은 1년에 한 권쯤은 나와야 한다. (중략) 영감이 떠오르면 신에게 감사하고, 그렇지 않으면 땀으로 쓴다. 매일 출근하는 직업인처럼 작가도 매일 제 땀으로 먹고

산다.[16]

평범한 사람도 1년 정도 하루 2시간가량 투자한다면 책을 쓸 수 있다고 한다. 또한 그도 매년 1권 이상의 책을 출판했다. 부끄러웠다. 나도 할 수 있는데 핑계만 찾고 있었다. 첫 책 《하루 25쪽 독서습관》에 '변명이 변해야 변한다'를 써놓고도 초심을 잃어버린 것이다. 그의 말을 통해 다시 깨달았다.

> 좋아하는 일을 하다 죽을 것이고, 죽음이 곧 퇴직인 삶을 살 것이다. 이것이 내가 추구하는 직업관이다.[17]

그는 59세의 짧은 생을 살았지만, 삶의 마지막까지 온 힘을 다해 글을 썼고, 죽음의 순간까지도 이 세상이 너무 아름답다고 했다. 그는 말뿐인 삶이 아닌 자신의 인생을 춤을 추며 마지막까지 세상에 감동하며 살았다. '춤쟁이는 매일 춤춰야 하고, 환쟁이는 매일 그려야 하고, 글쟁이는 매일 써야 한다'는 그가 좋아하는 말처럼.

'어제보다 아름다워지려는 사람을 돕습니다.' 한국 최고의 변화경영전문가였던 구본영 작가. 이 문장을 마음에 품은 것이 사실 내가 이 원고를 쓰는 데 동력이 되어주었다. 자신이 진정으로 하고 싶은 일을 위해 하루에 두 시간을 투자하는 것. 나는 두 달 정도 새벽 5시 회사에 출근해 업무가 시작되기 전까지 글을 썼다. 그리고 그 시간이 길어지면서 책을 쓸 수 있었다. 《구본형의 변화 이야기》에 나온 글을 읽고 난 후에 일어난 변화였다.

> 나는 새벽에 일어나 두 시간 정도 글 쓰는 일에 몰두하는데, 이 시간은 아주 소중한 시간이다. 아무도 나를 찾지 않는 시간이기 때문에 이 시간대를 선택했다. 나는 시간의 불모지를 내게 불허했다. 그리고 가장 귀중한 나만의 시간대로 만들었다. 마치 모두가 버린 시간의 밭을 일궈낸 듯한 기분이 들었다. 아마 찾아내지 못했다면 영원히 잠 속에 묻혀버릴 뻔한 보물 같은 땅이었다. 하루 시간의 10퍼센트에도 미치지 못하는 이 두 시간이 거의 변하지 않는 내 작업시간이다. 이 시간을 제외한 나머지 시간은 늘 가족과 친구들에게 우선적으로 열려 있다.[18]

시선

'독자' '저자' '자신'의 관점 디자인

'독자' '저자' '자신' 3시선으로 작성한다. 관점을 바꿔보면 다른 것을 볼 수 있다. 우리는 책을 독자의 시선으로만 보는 경향이 있다. 이 틀을 깨고, 시선을 확장하려면 여러 관점으로 접근해 봐야 한다. 같은 것을 다르게 보는 방법이기도 한 관점의 변화. 노트를 작성할 때 기본적으로 여러 시선으로 적는다면 생각을 확장하는 데 도움이 된다. 다양한 관점으로 노트를 작성하는 것이 이 책의 핵심이다.

기본은 3시선이다. 내 경험으로는 독자와 저자, 그리고 자신의 관점을 순차적으로 적는 것이 가장 도움이 되었다. 3시선은 반드시 필요하다. 물론 더 다양한 관점으로 작성해도 된다. 이 책을 통해 어떤 방법으로 노트를 작성해도 상관없다. 다만 3시선으로 적는 방향만은 지켜주길 바란다. 책을 제대로 소화해서 자기 것으로 만드는 데 필요한 진행방향이기 때문이다.

3단계 시선으로 기록

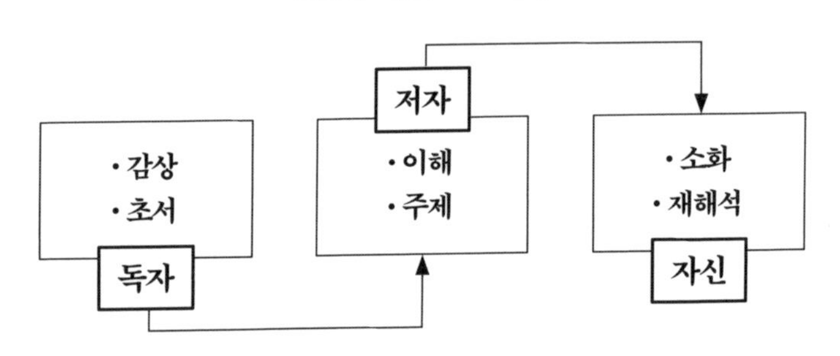

첫 번째 시선, 독자로 적는 것은 기본

이제 노트에 본격적으로 적을 때 첫 번째 순서는 독자로 읽는 시선을 그대로 옮기는 것이다. 5년 전 노트를 쓸 때 책 읽는 즐거움보다 '어떡하면 노트 작성을 잘할 수 있을까?'라는 생각이 앞서 한동안 고생한 적이 있다. 저자의 생각에 끌려가지 않고, 분석하며 읽으려 했다. 책의 내용이 내 생각과 다를수록 더 주관적으로 사고했다. 그러자 책 읽는 즐거움이 도리어 의무감처럼 바뀌었다. '내가 시험을 앞둔 수험생인가?'라는 생각도 들었다.

무엇이 문제인지 모를 때는 힘들었지만, 알고 보니 답을 찾는 건 쉬웠다. 노트를 잘 쓰고 싶은 마음에 독자 입장, 저자 입장과 나만의 해석을 동시에 떠올린 게 오히려 화근이 되었다. 어떡하든 답을 빨리 찾아보려고 독자로 책을 읽는 과정을 무시하고 여러 설익은 생각을 믹서기에 동시에 넣고 마구 섞어버린 것이다. 노트 작성에도 관성 법칙이 적용된다. 처음에는 무엇부터 적을지 고민할 필요 없다. 그저 좋았던 문장을 초서하는 것만으로도 충분하다. 운동하기 전에 스트레칭을 해야 하는 것처럼 먼저 이 과정을 거친 후에 책을 요약하고 해석하는 단계를 차근차근 밟아야 한다. 독자로서 읽고, 초서까지 끝나면 책에서 저자가 의도하는 바가 무엇인지 찾아보는 작업이 필요하다.

두 번째 시선, 저자가 떠올린 첫 생각을 찾아서

저자의 시선으로 접근하는 방법은 책이 만들어진 순서를 고려하면 쉬워진다. 이 단순한 원리를 깨닫기 전에는 저자의 머릿속으로 떠나는 여행이 힘들었다. 한 명의 저자가 책을 쓸 때는 '주제'를 떠올린다.

강신장의 《오리진이 되라》를 예로 들어보자. 강신장은 삼성경제 연구소에 있을 때 1만 명 이상의 경영자를 대상으로 '창조경영 학교'에서 교육을 했다. 그곳에서 인문학, 음악, 그림, 영화,

와인 등 다양한 분야를 공부한 것은 창조적 영감의 원천이 되었다. 저자가 책을 쓰기 위해 처음 떠올린 주제가 창조에 관한 '오리진(스스로 처음이 되는 자)'이라고 가정해보자. 저자는 자신이 떠올린 주제 '오리진'에 대한 책을 쓰기 위해 기획하고 목차를 만들 것이다. 이 책의 목차를 보면 사랑, 고통, 기쁨, 시공간, 믹스, 컨셉, 마음, 스토리, 느림 등 스스로 오리진이 되기 위한 키워드를 담고 있다.

저자의 시선을 만나려면 책에 쓰인 이야기들을 읽고, 주제를 설명하는 부분들을 알아내야 한다. 그리고 점점 좁히고 압축해서 저자가 이 책을 쓸 수 있었던 최초의 생각인 주제를 찾아야 한다. 강산에가 부른 〈거꾸로 강을 거슬러 오르는 저 힘찬 연어들처럼〉이라는 노래 제목처럼 독자의 시선에서 거슬러 올라가며 저자가 떠올린 첫 생각(주제)을 찾는 여행이 필요하다. 이때부터 저자의 시선을 함께 느끼며 관점을 바꿔 바라보고 새로운 것을 발견하는 일이 늘었다. 독자의 시선으로만 볼 때는 좋은 문장을 적고 그것을 음미하는 데 그쳤다. 그런데 저자의 시선으로 접근하면서 이 책의 핵심 내용이 무엇인지, 결국 저자가 말하고 싶은 바가 무엇인지 찾을 수 있었다. 독자의 시선으로 초서한 바탕 위에서 저자의 시선을 따라가 보니, 책을 압축하고, 요약하는 능력이 향상되었고, 책에서 저자가 말하는 주제가 무엇인지 발견하는 힘이 생긴 것이다.

바둑 격언에 '손 따라 두면 진다'라는 말이 있다. 스스로 생각하기보다 상대가 돌을 놓는 대로 따라 두면 진다는 뜻이다. 이 말처럼 독자 입장을 넘어서서 저자 입장을 스스로 생각하며 두 시선을 구분해서 바라보니, 분석만 하려고 들 때보다 오히려 더 다양한 방향에서 책을 이해하고 소화하는 능력이 생겼다.

세 번째 시선, 나만의 재해석은 필수

독자와 저자 입장에서만 노트를 적다가 또 다른 시선을 만났다. 밖으로만 향할 때는 가장 멀리 있고 안으로 향하면 가장 가까이 있는, 자신의 시선이다. 쉽게 말하면 책에 대해 나는 어떻게 생각하는지 독자나 저자 입장에 얽매이지 않고 자유롭게 해석해보는 것이다.

나만의 재해석을 하지 않는 것은 비유하자면 스스로 여러 음식을 만들어 놓고 정작 먹어보지 못한 것이다. 고생해서 초서도 하고, 주제도 찾아놓고 '이 책에서 말하는 것은 이거구나!'라고 이해하는 정도로 만족하는 것이다. 자신에게 대입해보지 않는다면 결국 관념적인 지식으로 흘러갈 가능성이 크다.

황농문 교수가 쓴 《몰입》을 읽고 나서 초서하고 주제를 찾아 기록했다고 치자. 만약 여기서 노트 작성을 마무리하면 몰입에 관해 읽은 것이 정보나 지식으로만 남을 가능성이 커진다. 그래서 자신만이 소화한 생각이 필요한 것이다. 그렇다면 나만의 재해석을 어떻게 해야 하는가? 책 제목을 자신의 해석으로 바꿔보는 것도 한 방법이다.

《몰입》에 관한 나의 재해석은 "천천히 생각하기"다. 몰입은 한 가지 생각에만 집중된 상태다. 그런데 현실에서 몰입을 실천하기가 어렵다. 몰입은 '오래 생각하기'라는 데 방점을 두어야 한다. 그러기 위해선 수험생이 공부하는 방식의 각성이 아니라 몸이 이완되고 편안한 마음에서 한 가지 생각을 하는 데 지치지 않는 지구력이 있어야 한다. 급하고 힘들게 하는 것보다 편하게 오래 몰입하는 것이 중요한데 그 핵심을 "천천히 생각하기"라고 해석한 것이다. 자신의 시선에서 재해석한 것은 '맞고 틀리고'의 문제가 아니다. 나에게 《몰입》이라는 책은 "천천히 생각하기"다. 재미난 점은 책을 다시 읽고 재해석한다면 "마라톤 경기처럼 생각하기"로 바뀔 수도 있다는 것이다. 그 바탕에서 자신만의 생각을 적는다면 적지 않을 때와 많은 차이가 나게 된다. 이유는 간단하다. 남의 것을 관전한 게 아니라 자신만의 시선으로 바라보았기 때문이다. 이렇게 재해석한 것은 일상에서 적용하기도 쉬워진다. 몰입을 일상에 적용하여 나는 해답을 얻을 때까지 급하지 않게, 지치지 않을 만큼의 강도로 '천천히 생각하기'를 해본다. 재해석은 책을 자신 것으로 만드는 데 꼭 필요한 과정이다. 노트 작성에 재해석이 없는 것은 단팥 없는 붕어빵을 먹는 거나 마찬가지다.

관점의 순서도 중요하다

기본적으로 3시선의 순서를 지켜 '독자 → 저자 → 자신' 단계로 골격을 세워 노트 작성을 하는 것이 좋다. 이 바탕에서 자신만의 다양한 방법을 함께 적용한다면 노트에 쌓이는 기록은 풍성해질 것이다. 독자 입장에서 시작해서 저자 그리고 자신의 관점으로 작성한 다음 자신이 원하는 방법대로 새로운 것을 덧붙이는 방식이다. 지금부터 세 관점을 기초로 노트를 작성하는 세부적인 방법을 살펴보자.

《생각의 탄생》, 생각의 창조, 생각의 방법

정해진 형식 없이 노트를 쓸 수 있게 해준 책이 《생각의 탄생》이다. 처음 노트를 쓸 때는 책을 읽은 후 어떻게 기록할 것인지 고민하지 않았다. 그저 다른 책에서 알려주는 방법을 따라 썼다. 그러나 막상 의욕적으로 덤볐다가도 몇 번 쓰다 보면 시들해졌다. 과연 좋은 형식은 무얼까? 노트를 쓰는 틀은 존재할까? 소설이나 실용서를 읽을 때 노트에 적는 형식을 그대로 따르기가 어려웠다. 사회과학, 자연과학 분야의 책을 읽을 때는 또 달랐다.

도대체 전체를 아우르며 적용할 수 있는 형식은 있는가? 한참 고민에 빠졌을 때 《생각의 탄생》이 그 문제를 해결해주었다. 책 제목부터 재미있었다. 생각의 탄생! '새로운 생각을 만드는 것에 관한 이야기인가?' '세상에 존재하지 않는 생각을 창조한다는 말인가?' 책을 펼쳐 들며 이런 궁금증은 풀렸다. '무엇을 생각(요리)하는가'에서 '어떻게 생각(요리)하는가'로. 이어령 선생은 이 책을 다음과 같이 추천했다.

누구나 생각한다. 그렇지만 누구나 똑같이 '잘' 생각하는 것은 아니다. 여기 요리의 대가에 견줄 수 있는 사고의 달인이 있다. 그는 여러 가지 정신적 재료들을 가지고 맛을 내고 섞고 조합하는 것에 도통한 사람이다. 우리가 어떤 '지적' 만찬을 준비한다면 그에게 부탁할 수밖에 없을 것이다.

이 말은 '생각의 부엌'에서 그가 하는 일과 우리가 하는 일이 다르다는 뜻이 아니라 그가 더 잘한다는 뜻이다. 대가가 되려면 아주 재능 있는 사람이라 하더라도 상당히 오랫동안 수련해야 한다. (중략) 정신적 요리법은 '무엇을 생각(요리)하는가'에서 '어떻게 생각(요리)하는가'로 초점이 옮겨진다.[19]

이 책에는 13가지 생각도구가 나온다. 관찰, 형상화, 추상, 패턴인식, 패턴형성, 유추, 몸으로 생각하기, 감정이입, 차원적 사고, 모형 만들기, 놀이, 변형, 그리고 통합이다. 그중 관찰 도구를 한번 보자.

제인 구달은 침팬지의 행동을 연구했다. 그녀 말고도 많은 사람이 침팬지를 관찰했다. 무엇이 달랐을까? 다른 사람들은 우리에 갇혀 인위적으로 행동하는 침팬지를 관찰했다. 제인 구달은 그 사람들과 생각 방법이 달랐다. 침팬지를 가둔 곳이 아니라 침팬지가 사는 공간으로 자신이 직접 가서 본 것이다. 새로운 것을 발견하는 일은 없는 것을 생각해내는 게 아니다.

생각의 방법은 '무엇을 생각하는가'에서 '어떻게 생각하는가'로 관점을 이동하는 것이다. 그런 점에서 《생각의 탄생》은 '노트 작성을 어떻게 할 것인가?'라는 고민에 빠진 나에게 방법을 제시해주었다. 누군가 제시하는 틀과 형식에 어떻게든 맞추려고 할 필요가 없다는 걸 깨달았다. 그보다는 오히려 자신이 책을 잘 소화하고, 즐겁게 작성하기 위해 '어떻게 생각해야 하는가?'를 알려준 책이다.

그 일이 얼마나 즐겁고 재미있느냐

특히, 생각도구 중 11번째로 소개한 '놀이'를 보며 노트 작성을 자유롭게 변형해도 되겠다는 생각이 들었다. 화가 모리츠 에셔의 말은 '놀이'라는 생각도구를 대표한다. "나의 작업은 예술이 아니라 놀이에 가깝다." 물리학자 리처드 파인먼 말도 인용한다. "내가 하려는 일이 핵물리학의 발전에 얼마나 기여하는가는 중요치 않다. 문제는 그 일이 얼마나 즐겁고 재미있느냐다."

노트 작성을 놀이처럼, 즐겁게 해야겠다고 생각하니 새로운 변화가 생겼다. 책을 읽고 그때마다 마음 내키는 대로 써보는 경우가 늘었다. 노트 작성을 의무감을 가지고 숙제처럼 하려던 데서 해방되었다. 놀이처럼 생각하니 잘 써야 한다는 중압감에서도 벗어났고, 정리가 잘 안 돼도 다음에 또 읽고 써보면 되지!

하고 생각하며 마음도 편해졌다. 가볍게 장난치는 듯이 하니, 정해진 형식을 벗어나 다양한 방법으로 써볼 수 있었다. 재미난 사실은 그로 인해 오히려 나만의 형식을 확실하게 발견할 수 있었던 것이다.

리처드 니스벳의 《생각의 지도》를 보면 동양 사람과 서양 사람은 사물을 다르게 인지한다고 나온다. 코끼리를 볼 때도 서양인은 코를 보고 인식하며, 동양인은 전체의 모습을 보고 알아본다. 문화에 따라 사물을 보는 방식도 이렇게 다르다. 둘 중 어느 것이 좋고, 나쁘다고 말하려는 게 아니다. 서로의 차이점을 알고 장점을 수용하면 된다. 책에 나오는 한 문장을 가지고 동양과 서양이 에베레스트산을 오르는 재미난 상상을 하며 즐겁게 노트를 작성한 것이 있어 소개한다.

> 《생각의 지도》에는 이런 문장이 나온다. "세상을 통제하려는 서양과 적응하려는 동양."
>
> 동양의 시선으로는 돈 한 푼 들이지 않고 산을 올라간다는 말을 들은 적이 있다. 그 말을 적용해서 동양과 서양의 시선으로 에베레스트 정상을 향한다면 아마도 이럴 것이다.
>
> 서양의 사고로는 에베레스트에 오르기 위해 대규모 원정단을 데리고 산에 한 발짝 오를 준비를 한다. 베이스캠프를

치고, 루트를 정하고, 전진 캠프를 하나씩 만들어가며 산을 오른다. 결국 컨디션이 좋은 사람은 수많은 고비를 넘기고 정상에 발을 딛는다. 동양의 사고로는 산에 오르는 일을 번잡스럽다고 생각하지 않는다. 그는 말한다. "작은 이 마당을 거닐며 나는 하루에도 몇 번씩 저 산을 오르고 내립니다." 몸은 다섯 평도 안 되는 마당을 거닐고 있지만, 마음은 세상을 마음대로 거닐 수 있으니, 에베레스트 정상에 오르는 일이 그에게는 식은 죽 먹기다. 산을 오르는 일을 어떻게 바라보느냐에 따라 치밀한 준비와 대규모의 원정단이 필요할 수도 있고, 잠시 마음으로 훌쩍 올라갔다 내려올 수도 있다. 삼단논법의 논리적 분석만으로 세상을 보면 현실적 바탕에서 발전할 수 있다. 그러나 어쩌면 동양적 사고가 그것을 뛰어넘을 수도 있다. 현대는 상상하는 만큼 실현할 수 있는 세상으로 가고 있다. 이 도시를 거닐면서도 평화로운 마음만 가질 수 있다면 초원에 있을 수도 있다. 작은 마당에서도 우주를 오갈 수도 있다. 생각만 해도 재미있다. 동서양의 문화를 인식하고 그 차이점을 섞어보면 어떨까?

노트를 놀이처럼 쓰면 얽매임이 없어서 좋다. 아이들이 놀이터에서 즐겁게 뛰어놀 때 특별한 이유가 있어서 즐거운 것은 아니다. 다만 자유롭게 놀기 때문이다. 노트를 적다가 귀찮아져서 포기하고 싶을 때가 있다. 그 원인의 하나가 의무감이다. 책을 읽으면 노트를 써야 하고, 형식에 맞춰 잘 정리해야 한다는 생각이 노트 작성을 식상하게 만들 수 있다. 상상력을 해치는 방해물이 되기도 한다. 놀이처럼 쓰면 멋대로 즐기며 적을 수 있다.

검색

나는 언제나 번호부터 적는다

무조건 번호부터 씁니다

'노트 작성할 때 무엇부터 하시나요?'

"번호부터 씁니다."

"번호요?"

"네, 무조건 번호 먼저 적습니다. 그리고 책 제목과 저자를 씁니다."

몇 년간 노트를 썼다니까 대단한 노하우를 기대했다가 실망한 표정이다. 내 대답에는 번호를 적지 않아 실패한 경험이 자리한다. 5년 전에도 꾸준히는 못했어도 노트를 쓰긴 했다. 하지만 번호를 부여하기 전의 기록은 폭탄의 파편처럼 여기저기 흩어져서 모을 수 없었다. 나중에 번호를 차례로 부여하면서 예전에 기록해둔 자료를 가져오기도 했지만 10%도 안 되는 분량이다. 혹독한 경험을 통해 번호 부여의 중요성을 깨달은 뒤로 노트에 딱 하나만 적으라면 책 제목이 아니라 번호를 적는다고 말할 정도다.

그런데 의외로 많은 사람이 번호 부여를 중요하게 생각하지 않는다. 카테고리를 정해 분류부터 하려고 든다. 소설, 에세이, 과학서, 자기계발서… 책을 종류별로 나누어 정리하려는 것이다. 혹은 행복, 성공, 실행… 관심 키워드로 묶어서 정리하려는 경향도 나타난다. 그러나 경험해보니 노트를 꾸준히 쓰는 데는 별 도움이 되지 않는다. 번호를 순서대로 부여하지 않는 사람들은 대부분 중도에 그만두었다.

카테고리별로 나누는 건 번호를 먼저 부여한 다음에 해도 괜찮다. 기본적인 검색 키워드인 '번호' '책 제목' '저자' 이 세 가지를 적으면 된다. 예를 들어 내 노트에 400번째 기록된 책은 백범 김구 선생의 자서전 《백범일지》인데 검색 키워드를 이렇게 적었다.

"400 《백범일지》 김구"

독서노트 폴더를 열고 검색창에 '번호'나 '백범일지' '김구'를 치면 찾을 수 있다. 평소에는 번호를 검색할 일이 없다. 지금 원고를 쓰면서 예를 들기 위해 검색창에 '400'을 치고 찾아봤을 뿐이다. 사실 숫자를 가장 먼저 적는 데는 검색보다 더 중요한 의미가 있다. 블로그 포스팅의 제목 앞에 [#001] 등으로 번호가 순차적으로 표시된 것을 종종 볼 수 있는데 이는 지속해서 올리기 위한 경우가 대부분이다. 이처럼 노트에 번호를 순차적으로 부여하면 자신도 모르게 연결성을 갖게 된다.

번호는 꾸준함의 동력

꾸준함은 노트 작성에서 가장 중요한 요소이다. 한 권의 책을 잘 기록하는 일도 중요하지만 그보다 더 중요한 게 꾸준히 쓰는 것이다. 산 정상에 오르려면 한 걸음 한 걸음 포기하지 않고 나아가야 한다. 번호는 검색에 필요한 것은 아니지만 꾸준히 기록할 수 있는 연결성을 제공해준다.

번호 부여가 뭐 그리 대단한 거냐고 물을 수도 있겠지만 정말 중요하다. 10권가량 읽고 노트 작성을 한다면 별 상관없지만 1년, 2년 꾸준히 실행하는 동력의 하나가 바로 번호 부여다. 시간을 확장해서 평생 책을 읽고 노트를 쓰겠다고 하면 답은 더 명확하다. 번호 부여는 '꾸준함'을 항상 눈으로 확인할 수 있고, 중간에 포기하지 않게 해준다는 데 의미가 있다. 늘어가는 숫자를 보며 성취감도 느끼게 해준다.

나에게 독서노트 검색의 삼총사는 '번호' '책 제목' '저자'다. 물론 검색 방법을 더 다양하게 만들 수도 있다. 예를 들면 "400 《백범일지》 김구" 뒤에 [한국의 위인]이라는 세부 키워드를 만들면 된다. 검색창에 [한국의 위인]을 치면 노트 기록 중 그와 관련한 내용들이 묶인다. 만약 도산 안창호, 안중근 의사에 관련한 책을 노트에 기록하고 검색 키워드에 [한국의 위인]이라고 적어놓았다면 3명의 위인을 다 찾을 수 있다. 이걸 응용하면 다양한 검색이 가능하다. 독서 방법과 관련된 책의 노트에 [독서법]이라 기록하면 그에 관련한 내용을 찾을 수 있다. 검색을 세밀하게, 다양하게 할 수 있도록 해주는 방법이다.

한 권의 책을 읽고 작성한 노트는 대체로 A4용지로 1~2장 분량이지만, 많으면 10장이 넘어가기도 한다. 키워드로 쓴 '번호' '책제목' '저자' 등을 검색해서 찾을 수 있겠지만, 그 안에 많은 분량의 내용을 어떻게 다 확인하느냐며 걱정하는 사람도 있다. 그런데 고민할 것 없다. 그 정도 분량이면 전체 내용을 쭉 훑어보며 찾으면 된다. 기껏해야 몇 분 걸리지 않는다. 만약 '진실함'에 대해 《마지막 강의》에서 읽었던 게 기억난다면 책제목을 검색해서 바로 알 수 있다. 번호도 순차적으로 부여되어 있으니, 어느 때쯤 읽었는지 떠올리기만 하면 찾을 수 있다.

엑셀에 별도로 검색 키워드를 입력해놓고 활용한다는 지인도 있다. 종이 노트라면 맨 앞에 목차 페이지를 만들어 순서대로 제목을 적어두고 쭉 훑어보기만 해도 찾아낼 수 있다. 종이 노트는 컴퓨터보다는 검색이 조금 더 불편하고 시간이 걸린다. 그러나 작성한 노트가 10권쯤 있어도 생각보다 쉽게 찾을 수 있다. 예를 들어 내가 《마지막 강의》를 2년 전쯤에 읽었다는 기억만 떠올리면 10권의 노트 가운데 두세 권만 봐도 찾아낼 수 있다.

1, 2, 3…963, 번호는 계속된다

번호를 부여하면서 순서대로 계속 작성하는 것이 중요하다. 번호가 1단위에서 10단위로 올라가면 느낌이 달라진다. 100단위로 올라가면 번호 부여나 노트 작성이 일상 습관이 된다. 아마도 책을 읽으면 노트 작성은 당연히 해야 한다고 생각하게 될 것이다. 일주일에 한 권의 책을 읽고 노트를 작성한다면 100개를 기록하는 데 2년 정도의 시간이 필요하다. 적은 시간은 아니지만 더 이상 노트 쓰는 습관을 들이는 문제로 고민할 일이 없다. 읽고 쓰는 것이 일상이 되므로.

이 원고를 쓰는 현재 내가 노트에 부여한 번호는 963이다. 대략 천 개 정도를 기록하고 있다. 제목만 쓴 것도 있고, 분량이 A4 20페이지를 넘는 것도 있다. 제목만 살펴보기도 어렵다. 이젠 책을 읽으면 노트 작성을 하는 게 일상이고, 독서한 후에 생각을 글로 전환해 두지 않으면 허전할 지경이다.

대단한 건 아니다. 작성한 노트를 보면 지금도 초서한 문장이 대다수이다. 책을 읽고 나면 어떻게 적을지 잠깐 구상하고 작성한다. 시간이 지나면서 볼펜으로 종이노트에 손으로 적던 방식에서 키보드를 치며 컴퓨터로 작업하는 방식으로 바뀌었을 뿐이다. 원고를 쓰면서 필요한 정보가 있으면 노트를 검색해서 찾아보고 있다. 다른 것은 다 변해도 번호 부여만은 변하지 않았다. 첫 번째로 번호를 적는 일은 계속 이어질 것이다.

《디테일의 힘》, 셋째 손가락의 비밀

미스 반 데어 로에라는 독일 건축가에게 성공 비결을 물으면 '신은 디테일 속에 있다'라고 대답했다고 한다. 작은 차이가 결국 큰 차이를 만드는 결과를 낳는다. 디테일의 사전적 정의는 '세부 상항'이라고 할 수 있다. 나는 이 책에서 말하고 싶은 것이 '세밀함'으로 보는 힘이라고 해석했다. '높게 나는 새가 가장 멀리 볼 수 있다.' 전직이 비행사였던 리처드 바크의 《갈매기의 꿈》에 나오는 말이다. 책에서 조나단은 스승 설리번이 들려준 '삶에는 먹거나 싸우거나 무리에서 권력을 얻는 것보다 더 많은 의미가 있다'는 말의 의미를 배우려고 더 높게 비행하려 한다. 더 높은 가치를 위해 비행함으로써 먹이를 쫓기 위해 하늘을 나는 다른 갈매기와 다른 꿈을 품는다. '항상 높이 날아야 하지' 하고 생각하는 나에게 《디테일의 힘》은 익살스럽게 말한다. "낮게 나는 새가 벌레를 잡는다."

높이 올라 크고 넓게 보는 것도 중요하지만, 세밀함을 통해 모호함을 명료하게 알아차리게 하는 것이 디테일의 힘이다. 사람을 감동하게 하는 힘이 1%의 미세한 차이에서 시작하듯이 작은 부분을 잘 바라보는 것이 거대한 데만 집중하는 것을 이기는 방법이라 생각한다. 책에서 소개한 일화를 학생 입장으로 읽은 나도 얼굴을 절로 찡그린 문장이 있다.

한 의과대학 교수가 첫 강의시간에 학생들에게 말했다.
'의사가 되기 위해 반드시 갖추어야 할 요건은 대담함과 세심함이네.'
간단하게 말을 마친 교수는 손으로 실험대 위에 놓인, 소변이 가득 담긴 컵을 가리키더니 손가락을 컵 속에 집어넣었다가 빼서는 다시 입 속에 넣었다. 그리고는 소변이 든 컵을 학생들에게 건넸다. 학생들도 자신이 했던 것과 똑같이 하라는 것이었다. 모든 학생들이 손가락을 컵에 깊숙이 넣었다가 다시 입에 넣었다. 모두들 구토를 참느라 얼굴이 일그러졌다.
이런 모습을 본 교수가 웃으며 말했다.
'좋아. 모두들 아주 대담해.'
이어서 교수는 근엄한 표정이 되어 말했다.
'다만 모두들 세심함이 부족한 게 아쉽군. 내가 컵에 넣은 것은 둘째손가락이고 입 속에 넣은 것은 셋째손가락이라는 것을 알아차린 학생이 하나도 없는 걸 보면 말일세.'[20]

디테일에 들어있는 것은 설명이 필요 없는 명쾌함이다. 작은 것을 놓치지 않고 얼마나 집중하느냐에 따라 상황은 엄청나게 달라질 수 있다. 이것이 디테일의 힘이다. 책에 이런 문장이 나온다. "사람을 힘들게 하는 것은 먼 곳에 있는 높은 산이 아니라 신발 안에 있는 작은 모래 한 알이다." 등산하며 이걸 직접 경험한 적이 있다.

어느 날 산 중턱에 오를 때였다. 숨이 차고, 앞사람을 따라 한 발씩 걷는 것 말고 딴 생각이 들지 않았다. 바위가 많고 모래투성이인 등산로에서 좁쌀 모래가 등산화에 들어왔다. 꺼내기 귀찮아 신발 안에서 발가락을 요리조리 움직여 모래알을 피해봤지만 결국 멈출 수밖에 없었다. 작은 모래알이지만 밟으면 아파서 걸을 수가 없었다. 정상에 오르기는 고사하고 그 자리에서 멈춰 신발을 벗어 털어야만 했다. 디테일의 힘을 무시할 수 없다. 아니, 무시하면 안 된다. 작은 모래 하나에도 멈춘 것처럼 말이다.

세밀함을 통해 명쾌하게 해결하기

혹시 계속 고통을 참으며 정상에 오를 수 있었을까? 생각을 전환해보니 고통스러울 때는 일단 멈추고 그 힘듦의 정체가 무엇인지 발견하고 해결하는 것이 중요하다. 반대로 생각해서 문제가 되는 작은 것을 발견한다면 해결책도 쉽게 나올 수 있다. 정상에 오르는 데 급급해서 작은 모래를 무시하면 모든 것이 멈춰

질 수도 있다. 그러니 디테일에 관심을 가지는 것은 어쩌면 큰 목표를 이루는 실행의 원동력일 수 있다.

디테일의 힘은 세밀한 순서에서도 배울 수 있다. 할 수 없는 것도 순서를 뒤바뀌면 해결할 수도 있다. 자갈과 모래와 물로 병을 다 채우려면 순서에 따라 넣어야만 한다. 만약 물이나 모래를 먼저 넣으면 자갈을 넣을 수 없다. 부피가 큰 자갈을 먼저 넣고 그 틈 사이로 모래를 넣어야 한다. 그 다음에 물을 넣으면 병을 꽉 채울 수 있다.

노트를 꾸준히 쓰게 된 계기도 디테일의 힘을 발견한 덕분이다. 바로 '순차적인 번호 부여'를 할 때부터였다. 노트 작성에서 번호 부여를 먼저 하기 전에는 중도에 몇 번이나 포기하기를 반복했다. 독서와 노트 작성은 한 번에 잘할 수 있는 것이 아니다. 생각도 반복하고, 관심을 가지면 해결책을 찾을 수 있다. 꾸준함을 유지하게 해주는 첫 번째 비결은 번호 부여다. 1, 2, 3… 노트 기록을 계속 쌓아가도록 만들어주는 디테일의 힘이 바로 번호 부여다.

어려움이 생기면 세밀함을 통해 명쾌하게 해결해보는 것. 이것이 디테일의 힘을 알아가는 것이다. 노트에도 디테일의 힘을 응용하면 좋다. 작은 일을 제대로 처리하기. 지금 하는 사소한 일을 제때 잘 처리하는 것이 결국 큰일도 잘 처리하는 지름길이다. 산 위에서 작은 눈이 구르면 점점 커진다. 거대한 눈덩이의 시작점은 주먹만 한 크기의 눈이 막 구른 곳이다. 작은 것에 집중하고, 세밀히 살피기. 이처럼 노트도 꾸준히 번호 부여를 하며 작성해나간다면 자신만의 거대한 사색 도서관을 만들 수 있다. 디테일이라는 작은 차이의 힘을 이용할 줄 알아야 거대한 것도 움직일 수 있다.

초서

내가
훔치고 싶은 문장

다산선생도 노트광이었던 게 아닐까?

> 무릇 책 한 권을 볼 때 오직 나의 학문에 도움이 될 만한 것이 있으면 추려 쓰고, 그렇지 않다면 하나도 눈여겨볼 필요가 없는 것이니 백권 분량의 책일지라도 열흘 정도의 공을 들이면 되는 것이다.[21]

《유배지에서 보낸 편지》(박서무 편역)에 나오는 다산 정약용의 말이다. 여기서 초서(抄書)에서 '초(抄)'자는 노략질한다는 뜻을 가지고 있다. 노트를 작성하다 보면 적는 내용이 다양하지만 공통적으로 자신에게 도움이 되는 것을 골라 적는다. 이런 관점에서 '혹시 조선 시대의 대학자도 노트광이 아니었을까?'라고 상상하니 피식 웃음이 나온다. 그가 말하는 초서는 노트 작성에서 좋은 문장을 옮겨 적는 것과 결이 약간 다르다. 다산의 초서는 자신이 구상과 기획을 정하고 책에서 필요한 것을 찾는다는 말이다. 노트 작성은 좀 더 자유롭다. 그저 읽는 책 속에서 좋아하는 문장을 옮겨 적으면 된다.

《유배지에서 보낸 편지》에서 다산은 초서 방법을 이렇게 설명한다.

> 초서(抄書)하는 방법은 반드시 먼저 자기 뜻을 정해 만든 책의 규모와 편목을 세운 뒤에 남의 책에서 간추려내야 맥락에 묘미가 있게 된다. 만약 그 규모와 목차 외에도 꼭 뽑아야 할 곳이 있으면 별도로 책을 만들어 좋은 것이 있을 때마다 기록해 넣어야만 힘을 얻을 곳이 있게 된다. 고기 그물을 쳐놓으면 기러기란 놈도 걸리게 마련인데, 이를 어찌 버리겠느냐?[22]

초서의 핵심은 자기의 뜻 즉, 자신이 정한 '주제'와 관련된 내용을 찾는 것이다. 한 권의 책을 읽고 노트 작성하는 데도 적용할 수는 있지만 처음부터 굳이 그럴 필요는 없다. 그저 독자 관점에서 좋은 문장을 초서하는 것으로 만족해도 된다. 기록이 하나둘 쌓이면 노트만 가지고도 초서할 수 있다. 예를 들어 '행복'

에 관해 쓴 노트를 찾아보면 다양한 문장과 사색을 뽑아낼 수 있다. 이것을 한군데 모아 보면 새로운 점을 발견할 수도 있다. 노트가 쌓이면 다산이 하는 초서를 흉내 낼 수도 있다.

초서하기를 어렵게 생각할 필요는 없다. 마음에 드는 문장을 베껴 적기라고 해도 무방하다. 처음부터 욕심 부릴 것 없이 독자 관점에서 노트를 작성해가며 역량을 키우다보면 초서하는 능력도 좋아진다. 그러니 잘하든 못하든 일단 초서한 노트를 100개 작성해보자는 구체적 목표를 세우고 실행한다면 효과를 얻을 수 있다. 100개가 벅차면 목표를 자신의 수준과 형편에 맞춰 50개, 10개로 줄여도 좋다. 이렇게 구체적이고 달성할 수 있는 계획을 세워 목표를 이루고, 그 바탕에서 더 효과적인 초서 방법을 계속 찾아가면 된다.

초서라는 작은 습관이 일으킬 큰 변화

《습관의 재발견》에서 스티븐 기즈가 말한 핵심은 거창한 계획이 아닌 '작은 습관'을 반복 성취를 통해 만들어 가라는 것이다. '팔굽혀펴기 한 번'과 같은 사소한 목표라도 반복적으로 달성하면 그만큼 힘이 강해진다. 의지의 문제보다 한심할 정도로 쉽지만, 지속적인 성취를 통해 엄청난 변화가 일어난다. 노트에 초서하기도 이 원리를 이용해서 자신이 좋아하는 문장을 적는 것부터 시작하면 된다. 처음부터 유배 기간 18년에 500권의 책을 저술한 다산의 초서를 따라 하기는 어렵다. 내가 책에서 적어보고 싶은 문장만 노트에 옮겨 적으면 그만이다.

노트 작성을 처음 한다면 독자의 시선으로 읽고, 좋은 문장을 적어보면 된다. 형식(틀)도 필요 없다. 그것만으로 아쉽다고 느끼면 읽고 난 후 감상을 자유롭게 적도록 한다. 예를 들자면 나는 《정관정요》를 읽고 책 페이지를 먼저 기록하고 초서했다.

> 235, 가난한 사람은 절약을 배우지 않아도 자연스럽게 절약하고, 부귀한 사람은 사치를 배우지 않아도 자연스럽게 사치한다.

책에 나오는 페이지를 문장 앞에 쓰면 나중에 찾아보기도 쉽고, 기록한 것이 인용한 문장이라는 걸 바로 알 수 있다. 다만 초서하는 분량은 책마다 다르다. 몇 문장만 적을 수도 있고, 손이 아플 만큼 많이 적을 수도 있다. 무작정 쓰기보다는 초서하는 데 시간이 어느 정도 걸릴지 가늠해본다. 나는 가능하면 책을 읽는 데 걸린 시간을 넘기지 않으려 한다. 만약 3시간 내에 읽은 책이라면 초서도 3시간을 넘지 않으려 노력한다. 그보다 더 짧은 시간 안에 마치려 한다. 간혹 마음을 뒤흔들어 놓은 책은 한 부분을 통째로 옮겨 적느라 오래 걸리기도 한다. 예외적인 경우다. 기록하는 시간이 늘어나는 것은 별로 바람직하지 않다. 압축하고 정제하는 힘을 키우는 데 제약이 될 수도 있기 때문이다.

초서만 하기에는 조금 아쉽다고 느껴지면 자신의 감상을 적어도 좋다. 나는 5~10줄가량 적는다. 10줄을 넘어가면 감상문이나 서평처럼 변해서 어느덧 본문을 찾아보고 분석하게 된다. 감상을 간단히 남길 때는 책을 다시 찾아보면서까지 할 필요는 없다. 《정관정요》를 초서하고 감상을 이렇게 썼다.

> 한 나라를 다스리는 것은 쉬운 일이 아니다. 임금이 곧아야 나라의 백성들도 곧게 살 수 있다. 아무리 훌륭한 군주라 해도 나라를 다스리는 데 감정에 휘둘린다면 해를 입을 것이다. 이렇듯 원칙을 지키고 약속한 바를 실행하는 것이 중요하다. 그런데 신하나 백성이 이를 따르지 않는다면 어떻게 할 것인가? 최우선은 직책에 맞는 사람을 뽑아 그 일을 하게 해야 한다. 소인을 군자 위에 올려놓으면 모든 일이 제멋대로 이루어진다. 그러므로 군주는 적재적소에 사람을 배치하는 것이 중요하다. 그렇지 않으면 오히려 그 사람들에게 해를 당할 수 있다. 그리고 군주의 힘은 백성에게서 나온다는 사실을 항상 명심해야 한다. 그 힘은 군주를 바꿀 수도 있다. 태

종 이세민은 이렇게 말했다. "군주는 배이고 백성은 물이다. 물은 배를 띄울 수도 있지만, 배를 뒤엎을 수도 있다."

훔치고 싶은 문장을 맘껏 적자

나무가 잎을 떨어뜨리는 행위는 자신의 무게만큼만 잎을 간직하다가 어느 시점이 되면 버리는 것이다. 무언가를 많이 소유한다는 것은 상대적이지만, 절대적인 기준은 자신을 유지할 수 있을 만큼 소유하느냐의 여부다. 재산 역시 자신의 몸을 유지할 수 있을 정도로 가졌을 때는 가치가 있지만, 그 이상을 넘어가면 무의미하거나 오히려 불행을 낳는다. 나무가 한 해 동안 목숨을 걸고 만든 잎을 가을에 떨어뜨리는 것은 그 이상 잎을 소유하는 순간 자신의 목숨을 유지하기 힘들다는 것을 잘 알기 때문이다.[23]

강판권의 《나무철학》에 나오는 문장이다. 초서하면서 덧붙인 내 생각을 적어본다. "나무는 겨울이 오기 전 땅으로 자신의 잎을 내린다. 소유권은 절대적이다. 소유에 대해 상대적으로 접근하면 늘 박탈감에 시달릴 수밖에 없다. 자신보다 더 많은 것을 소유한 사람과 비교하기 때문이다. 겨울이 되면 나무가 잎을 축적하지 않는 것처럼 자신을 돌아보는 통찰도 중요하다. 어쩌면 자신의 현재에 만족하는 시선을 만나지 못해 그럴 수도 있다. 소유에 관한 욕심은 한이 없다. 이럴 때 "나무는 잎을 축적하지 않는다"라는 문장을 성찰해보자. 초서하며 문장을 적는 사이에 눈으로만 보았을 때 보이지 않던 행간을 읽는 힘이 생긴다. 책을 읽고 따로 사색하기가 쉽지 않다. 초서하기는 그 자체가 사색의 시간이 되어준다. 초서에는 그만큼 힘이 있다.

일단 쓰면 쉬워진다

마음에 와 닿은 문장을 적는 것으로 시작하면 된다. 문장을 옮겨 적으면서 책을 읽는 것처럼 다시 생각하면 된다. 작성을 잘 해야겠다고 마음먹으면 오히려 힘들어진다. 경직되기 때문이다. 초서하면서 문장을 음미해보는 것만으로도 충분하다. 적는 속도에서 자신이 몰랐던 의미를 발견하는 즐거움도 만난다. 수영을 배우려면 먼저 물에 들어가야 하듯이 노트 작성의 시작은 그저 초서해보는 것이다.

'쓰다 보면, 잘 쓰려고 경직된 것이 자연스럽게 풀린다.'

'쓰다 보면, 좋은 문장과 그 문맥에 숨은 의미를 발견할 수 있다.'

초서는 노트 작성의 출발점 역할만 하는 것이 아니라 윤활유처럼 적는 행위를 자연스럽게도 해주는 기능이 있다.

《유배지에서 보낸 편지》, 마음공부의 최고는 저술

공부로는 저술보다 나은 게 없다

《유배지에서 보낸 편지》에 나오는 문장들을 노트에 적고 곱씹다 갑자기 눈물이 났다. 가슴이 먹먹해 밖으로 나가 산책하며 문장을 떠올려보았다.

> 점차로 하던 일을 거둬들여 정리하고 이제는 마음공부에 힘쓰고 싶습니다. 더구나 풍병(風病)은 이미 뿌리가 깊어졌고 입가에는 항상 침이 흐르고 왼쪽 다리는 늘 마비증세가 옵니다. 머리 위에는 언제나 두미협(斗尾峽) 얼음 위에서 잉어 낚는 늙은이의 솜털 모자를 쓰고 있습니다. 근래에는 또 혀가 굳어 말이 어긋나 스스로 살 날이 길지 않은 것을 알면서도 한결같이 바깥일에만 마음이 치달리니, 이는 주자(朱子)께서도 만년에 뉘우쳤던 바였습니다. 어찌 두려운 일이 아니겠습니까. 다만 고요히 앉아 마음을 맑게 하고자 하다보면 세간의 잡념이 천 갈래 만 갈래로 어지럽게 일어나 무엇 하나 제대로 파악할 수가 없으니, 마음공부로는 저술보다 나은 게 없다는 것을 다시 느낍니다. 이 때문에 문득 그만두지 못하는 것입니다.[24]

풍병이라면 우리가 익히 아는 병으로 중풍이 있다. 다산은 입가엔 침이 계속 흐르고 왼쪽 다리의 마비증세까지 겪으며 죽음이 가까이 있음을 느낀다. 그래서 시간이 별로 남지 않았다고 생각하며 자기 일을 정리하려 해도 자꾸 바깥일에만 마음이 쓰인다고 했던 것일까? 눈앞에 다산이 붓을 들고 저술하는 모습을 상상해봤다. 머리가 아파 솜털 모자를 쓰고, 바르게 앉지도 못한 채 흐르는 침을 닦아가며 책을 집필하는 모습이 떠오른다. 병세가 완연한 가운데 잡념을 떨쳐내며 몰입할 수 있는 일이 그에게는 저술이었을 것이다. 죽음이 가까이 오는데도 책을 쓴 이유가 자신의 명예를 위해서였을까 생각해보니 울컥했다.

문득 머리를 스치고 간 단어는 위민(爲民)이었다. '백성을 위하는 마음.' 다산은 그때 자신보다 백성을 위하는 마음이 앞섰을 것이다. 〈목민심서〉에 "벼슬을 내놓고 돌아가는 청렴한 선비의 짐은 옷을 벗은 듯 가벼우며, 낡은 수레에 비쩍 마른 말 한 마리뿐인데도 맑은 바람이 사람에게 스민다"라는 말이 있다. 목민관(수령)은 청렴결백해야 한다는 주제로 쓴 책이다. 몸이 아픈데도 저술하는 모습에서 그의 마음이 향한 곳은 어디인지 헤아려보았다. 그의 행위가 불쌍한 백성들을 생각하는 '위민'에서 나왔다는데 생각에 미치자 목이 메었다. 《유배지에서 보낸 편지》를 읽을 때면 책 뒷부분에 나오는 이 문장부터 먼저 보게 된다.

초서(抄書) 그물을 쳐놓으면 편집력도 걸리기 마련

《유배지에서 보낸 편지》는 자식과 몇 명의 지인에게 보내 편지를 모아 엮은 책이다. 이 책에서 또 눈여겨본 것은 그가 말하는 초서(抄書)다. 노트 작성에 응용할 수 있는 부분이 많다. 그는 자식에게도 초서를 누누이 강조했고 그 자신도 부지런히 기록했다. 500권을 저술한 바탕에 초서가 있었기 때문이다.

초서의 '抄'에는 '훔치다'라는 뜻이 들어있다. 그의 초서는 먼저 자기 뜻을 정해 규모와 편목을 세운 뒤에 거기에 맞추어 책에서 자신이 원하는 내용을 추려서 뽑아내는 것이다. 쉽게 말해 노트는 독자로서 책을 읽고 문장을 옮겨 적고, 감상 등을 쓰는 것인데 다산의 초서는 자신의 뜻 즉, '주제'에 관한 내용들을 취합하는 편집에 가깝다. 정민의 《다산선생 지식 경영법》에서는 이렇게 설명한다. "다산은 어떤 작업을 하든지 우선 목차와 범례를 확정하여 책의 목적과 목표, 전체 골격을 완전히 구성한 뒤에 착수했다. 이것은 완벽한 설계도면을 그린 후 건축에 들어가는 이치와 같다."

권영식은 《다산의 독서전략》에서 "다산이 초서를 위한 첫 번째 방법으로 적용했던 '주제 정하기'를 현재 쓰는 말로 표현하자면 '키워드 정하기' 또는 '콘셉트 정하기' 정도가 될 것이다"라고 했다. 다산의 초서는 한 권의 책을 읽고 초서하는 것과 차이가 있지만 그의 초서는 노트 작성에도 적용할 좋은 점이 많다.

> 남의 저서에서 도움이 될 만한 요점을 추려내어 책을 만들 때에는 우선 자기 자신의 학문에 주견이 뚜렷해야 판단기준이 마음에 세워져 취사선택하는 일이 용이한 것이다. (중략) 무릇 책 한 권을 볼 때 오직 나의 학문에 도움이 될 만한 것이 있으면 추려 쓰고, 그렇지 않다면 하나도 눈여겨볼 필요가 없는 것이니 백권 분량의 책일지라도 열흘 정도의 공을 들이면 되는 것이다.[25]

'백 권 분량의 책일지라도 열흘 정도면 읽을 수 있다'라는 다산의 말처럼 해보는 것도 좋다. 하지만 독서를 막 시작할 무렵엔 책만 읽기도 힘들었다. 거기에 노트까지 작성하려면 힘이 두 배로 들었다. 이런 상황에서 자신이 구상한 바에 따라 원하는 내용만을 골라 읽고 추려내기는 어렵다. 이와 관련해 재미난 일이 있다. 한 권씩 읽어서 정리한 노트가 100개 정도 쌓여서 노트를 다시 읽어본 적이 있다. 대부분 A4 용지 2~3장 분량이었다. 작성한 노트를 다 읽는 데 열흘이 아니라 짬짬이 읽었는데도 3일이면 충분했다. 노트를 작성할 때는 힘들었지만 그것을 다시 읽고 더 생각해보는 데는 시간이 많이 들지 않았다.

여기서 새로운 사실을 발견했다. 다산의 초서를 처음부터 따라 하기는 힘들지만, 꾸준히 책을 읽고 노트를 작성하다 보면 "고기 그물을 쳐놓으면 기러기란 놈도 걸리게 마련이다"라는 다산의 말처럼 두 가지 수확이 있었다. 하나는 노트 기록이 늘어날수록 그 안에서도 편집할 수 있었다. 한 저자의 책을 모아서 보는 것이다. 좋아하는 저자의 책을 따라 읽다 보면 그 사람의 세계를 더 많이 이해하게 된다. 또한 종류별로 편집할 수도 있다. 독서방법에 관련한 것만을 모아 편집할 수도 있고, 건강 관련서만 모아 편집할 수도 있다. 어떤 주제를 떠올리면 그것과 관련된 내용을 노트에서 찾아보게 된다. 이처럼 노트를 다양하게 편집하는 능력이 생긴다.

> 모름지기 뜻을 강구하고 고찰하여 그 정밀한 뜻을 깨달았으면 깨달은 바를 수시로 기록해두어야만 바야흐로 실제 소득을 얻게 된다. 진실로 외곬으로 낭독하기만 한다면, 실제소득은 없을 것이다.[26]

눈으로만 보는 독서가 아닌 손으로 쓰면서 익히는 초서의 중요성을 일깨워준다. 다산은 책을 읽고 글로 기록하는 것이 더 효과적이라고 분명히 말한다. 《유배지에서 보낸 편지》는 노트 작성이 귀찮아질 때 정신을 차리게 해주는 책이기도 하다.

주제

저자의 머릿속으로
떠나는 여행

두 번째 시선은 저자 입장에서 작성해보는 것이다. 《맹자》 〈만장상편〉에 '이의역지(以義逆志)'란 말이 나온다. '책을 읽은 독자의 사고로 저자의 뜻을 이해하거나 유추한다'라는 뜻이다. '저자는 이 책을 어떻게 해서 썼을까?' '저자의 관점은 무엇일까?' 저자 시선으로 생각을 더해 책을 해석하는 것이다. 그러려면 저자와 독자의 차이를 알아야 한다.

일단, 독자 입장부터 다시 떠올려보자. 독자는 독서할 때 대부분 제목을 보고, 서문과 목차를 대충 훑어보고, 본문을 읽는다. 그 후에 노트에 초서와 간단한 감상을 적는다. 저자는 다르다. 저자는 주제를 떠올리고, 그 주제를 어떻게 풀어낼지 목차를 구상하고, 본문을 집필해 책을 만든다. 독자와 저자는 외나무다리

양편에서 서 있다. 저자는 독자들이 다가올 수 있게 다리를 만들어 놓았기 때문에 독자는 그 다리를 건너야 한다. 결국 저자를 가장 가깝게 만나는 일은 책을 쓰게 된 첫 생각 즉 '주제'를 찾아가는 과정이라고도 할 수 있다. 주제를 찾기 위해서는 반드시 책 전체의 내용을 이해해야 한다. 그래서 책의 목차를 보면서 전체 내용을 요약하며 이해하는 과정이 필요하다.

숲과 나무를 다 보려면 목차부터 살피자

책 전체를 요약하는 것이 바탕이 되어야 저자와 대화할 수 있다. 송조은의 《독서쇼크》에 나온 말이 요약의 중요성을 잘 설명한다.

> 글을 요약하려면 주제와 구성에 의해 표현해야 한다. 표현은 문장 기술과 말하기 기술이 작동된다. 즉 책의 내용을 주제와 구성으로 만들어 요약 형태로 표현하게 되면 글의 내용이 마치 자신의 것처럼 작동된다. 이것이 요약의 힘이다. 문제는 사람들 대부분이 주제와 구성에 의한 요약을 하지 않고 중요한 부분에 밑줄을 긋고 밑줄 그은 자료를 연결해서 기술하는 이른바 짜깁기 형태로 요약을 한다. 이러한 형태는 지식과 지능의 종합으로 인한 저자와 동일시 효

과를 놓치게 된다.

만약 주제와 구성을 가지고 요약하면 저자와 자신이 동일시되는 현상이 나타난다. 어느 저자가 글을 쓰게 된 과정을 역 추적하기 때문에 저자의 활동을 반복하는 형태가 되어서 나타난 현상일 뿐이다. 이처럼 주제와 구성을 중심으로 요약하는 훈련은 지식과 지능을 동시에 개발하여 자신이 저자화되는 경험을 하게 된다.[27]

노트 작성을 막 시작해서 6개월가량은 초서 위주로만 적었다. 그러다가 저자가 말하는 핵심 내용이나 주제를 찾기에 앞서 요약을 해보니, 책을 전체적으로 이해하는 수준이 높아졌다. 처음에는 초서한 것만 보고 전체 내용을 요약해봤지만 용두사미로 끝날 때가 많았다. 숲은 보지 않고 나무만 본 것과 비슷했다. 초서한 내용을 보면 부분적으로는 알 수 있었지만 책 전체의 구성과 내용의 흐름을 이해하기는 힘들었다. 이 문제를 해결해준 것이 목차다. 전체 내용을 요약하기 전에는 목차에 특별한 의미가 있다고 생각지 않아서 보는 둥 마는 둥했다. 지금은 목차를 보면서 요약하고 노트 작성을 한다. 목차는 책 구성과 전체 내용을 순서대로 이해할 수 있게 해준다. 책의 세세한 부분은 모른다 해도 대략 이런 줄거리구나 하고 이해할 수 있다. 요약을 해보면 자신이 책을 얼마나 소화하고 있는지 즉시 알 수 있다.

요약할 때 목차와 함께 살펴보면 저자가 책을 어떻게 기획했고, 주제에 관한 설명들을 어떻게 배치했는지 알 수 있다. 목차에 나온 각 제목은 글 한 꼭지의 내용을 대표하고 있어 요약하는 데 유용하게 쓰인다. 글 전체를 요약할 때 목차를 이용하면 저자가 생각한 바에 가까이 다가갈 수 있다.

정밀하게 요약할 필요는 없다. 일단 작성해서 읽어보면 현재 자신이 읽은 책을 얼마나 이해했는지 스스로 알 수 있다. 어느 정도 이해하는지 인지하는 게 중요하다. 만약 부족하다고 느껴지면 나중에 다시 읽어보며 정리하면 된다. 책을 한 번 읽고 완벽하게 요약하기는 어렵다. 그저 현재 '내가 이 정도 수준으로 요약할 수 있구나!'라고 인식하면 된다.

내 수준에서 주제와 핵심 내용 발견하기

책 전체를 요약한 뒤에는 저자와 주제를 찾는 대화가 이어진다. 혹시, 저자와 산책하며 대화를 나누어본 적이 있는가? 여기서 말하는 대화는 저자와 동등한 입장에서 책을 소화하는 행동이다. 저자에게 궁금한 것을 질문하고, 저자 관점에서 생각하면서 주제를 찾아본다. 저자의 시선으로 생각하기 위해 알아야 하는 핵심 사항은 이것이다.

'저자가 말하고 싶은 핵심 내용은 무엇일까?'
'책을 쓰게 된 첫 생각 즉 '주제'는 무엇일까?'

몇 개의 핵심 질문을 던지며 노트를 작성하면 된다. 어떤 내용을 적어도 상관없으나 마지막에 써야 하는 것은 '주제'다. 쉽게 말해 '이 책을 한마디로 표현한다면?'이라는 질문에 대한 답이 주제다. 반드시 저자와 비슷한 눈높이에서 주제를 찾아야 한다고 접근할 필요는 없다. 현재 자신이 책을 소화해낸 수준에서 주제를 찾아보고 확정해서 적어보는 것이 중요하다. 맞고 틀리고의 문제가 아니다. 저자가 책을 쓰게 된 첫 생각까지 거슬러 올라가며 그 시선에서 바라보는 과정 자체가 중요하다.

《죽음의 수용소에서》를 읽고 노트에 주제를 '진정한 의미'라고 썼다. 이 책에는 수용소에 있는 사람들의 행동에 대해 표현한 문장이 나온다.

> 나는 살아있는 실험실이자 시험장이었던 강제수용소에서 어떤 사람들이 성자처럼 행동할 때, 또 다른 사람들은 돼지처럼 행동하는 것을 보았다. 사람은 내면에 두 개의 잠재력을 모두 가지고 있는데, 그중 어떤 것을 취하느냐 하는 문제는 전적으로 그 사람의 의

> 지에 달려 있다.
>
> 우리 세대는 실체를 경험한 세대이다. 왜냐하면 인간이 정말로 어떤 존재인지를 알게 되었기 때문이다. 인간은 아우슈비츠의 가스실을 만든 존재이자 또한 의연하게 가스실로 들어가면서 입으로 주기도문이나 셰마 이스라엘을 외울 수 있는 존재이기도 한 것이다.[28]

프랭클 박사는 자신도 강제 수용소에서 벌어지는 모든 상황을 겪는다. 매 순간 가스실로 향할 수 있는 생활. 항상 목숨을 위협받는 상황에서도 누군가는 다른 사람을 위해 기도하고, 다른 누군가는 자신이 살기 위해 타인은 안중에도 없이 행동하기도 한다. 과연 지옥 같은 환경에서 무엇이 사람을 성자처럼 행동할 수 있게 하는가. 저자는 자신이 존재하는 '진정한 의미'를 찾았다면 그렇게 할 수 있다고 말한다. 그리고 그것은 그 누구도 빼앗을 수 없다고 말한다.

> 인간에게 모든 것을 빼앗아갈 수 있어도 단 한 가지, 마지막 남은 인간의 자유, 주어진 환경에서 자신의 태도를 결정하고, 자기 자신의 길을 선택할 수 있는 자유만은 빼앗아갈 수 없다는 것이다.[29]

그가 말하는 주제는 무엇인가? 어떤 시련이 주어져도 극복할 수 있는 힘은 과연 무엇인가? 책의 핵심 내용을 '어떤 상황이 주어지더라도 자신의 진정한 의미를 찾을 수 있다면 그것을 추구하기 위한 선택의 자유는 그 누구도 빼앗을 수 없다'라고 요약했다. 그리고 주제는 '진정한 의미'라고 적었다. 내가 생각한 주제 '진정한 의미'는 저자가 생각한 주제가 아닐 수도 있다. 상관없다. 주제가 달라도 저자와 대화를 통해 느낀 바를 단정해서 쓰는 것이 중요하다. 기왕이면 저자가 생각한 주제를 정확하게 찾는 게 가장 좋지만, 자신이 현재 이해하는 수준에서 답을 생각해보면 된다.

책에 대한 해석은 시간과 경험에 따라 달라질 수 있다. 내가 찾은 주제가 저자의 생각과 달라도 괜찮으니 그때마다 단정해보는 것이 좋다. 이 과정을 통해 저자 시선으로 바라보는 관점의 전환이 일어날 수 있다. 독자의 틀에 갇힌 시선을 더 확장하는 효과가 생긴다는 말이다. 주제를 찾는 과정은 단순히 저자의 첫 생각을 만나는 것이 아니다. 그의 시선을 통해 내가 몰랐던 사실을 발견할 기회를 만들어 준다. 두 번째 시선인 저자 입장에서 노트를 작성해보는 것도 초서만큼 중요한 작업이다.

《나무철학》, 나무는 잎을 축적하지 않는다

사는 곳 현관 앞에 단풍나무 두 그루가 있다. 하나는 청단풍이고, 다른 하나는 홍단풍이다. 나무에 관심이 없을 때는 두 나무가 같은 종인지도 몰랐다. 여름이면 청단풍 나무는 녹색을 띄고, 홍단풍 나무는 붉은색을 띄기 때문이다. 얼핏 보면 완전히 다른 나무라고 생각하기 쉽다.

전에는 의식한 적이 없는데 나무에 관심을 가지면서부터 나무가 살아있는 생명체로 보이기 시작했다. 나무는 살아있으니 생명체로 보는 게 당연하지 않으냐고 묻는 분이 있을 것이다. 여기서 생명체로 보인다는 말은 나무 하나하나를 개별적으로 볼 수 있다는 뜻이다. 세상에 수많은 사람이 있어도 각각 고유한 단 한 사람으로 보이는 것처럼.

나무와 교감하면서 만난 책이 《나무철학》이다. 강판권 저자는 머리말에서 나무를 만나 삶이 바뀌었다고 했다. 그는 나무와 관련한 책을 많이 썼다. '나무와 인문학의 만남'을 다룬 이 책으로 인해 나무를 더 잘 이해할 수 있게 되었고 내 삶에도 여유와 통찰이 많이 만들어졌다.

> 나무는 죽음을 끌어안고서야 살아갈 수 있다. 이에 반해 인간은 대부분 죽음을 두려워한다.[30]

그는 나무가 수평으로 나이를 먹는다고 한다. 나무에서 살아있는 부분은 나무 바깥쪽인 변재(邊材) 부분이다. 안쪽 심재(心材) 부분은 죽어있다. 나무는 이렇듯 나이테를 새기면서 안쪽의 죽음을 끌어안고 살아간다는 말이다. '죽음이 배후를 받쳐주어 삶이 더 빛난다'라는 말이 있다. 우리도 죽음을 두려워하고 외면하기보다 나무처럼 더 끌어안는 삶을 살아야 한다. 나이 듦을 싫어하고, 죽음을 두려워하기만 해서는 안 된다. 저자는 이렇게 이야기한다.

> 나이 먹는 것을 두려워하거나 걱정하기보다는 어떻게 하면 촘촘한 나이테를 만들 수 있을까 고민하는 것이 지혜롭다.[31]

맞는 말이다. 나무는 촘촘한 나이테를 만드는 만큼 자신을 지탱하는 힘이 강해진다. 인간의 삶도 마찬가지 아닐까? 젊음을 부러워하고 나이 듦을 슬퍼하기보다 어떻게 살고 있는지, 가치 있는 일을 하며 살고 있는지 생각해보아야 한다. 《나무철학》에서 충남 아산 구괴정에 있는 느티나무를 소개해서 보러간 적이 있다. 맹사성과 황희, 권진 등 세 정승이 느티나무 아홉 그루를 심었다는 구괴정 앞의 느티나무 한 그루는 내 눈을 의심하게 했다. 보통 나무는 심재 부분이 변재 부분에 쌓여 보이지 않는다. 오래된 나무는 심재 일부가 보이거나 속이 비어 심재 부분이 얇아진 경우가 대부분이다. 그런데 아산에 있는 나무는 반대였다. 심재 부분이 하늘을 향해있고 변재 부분이 땅을 향해있었다. 심하게 말하면 장작을 반으로 쪼개 반듯한 부분을 위로 놓은 모양이다. 나무의 속살인 죽은 변재 부분이 하늘을 향한 채 거의 90도로 누운 모습이다. 큰 지지대 하나로 받쳐놓아서 나무가 제 몸을 지탱하는 어려움을 줄여주니 그나마 마음이 놓였다. 살아있는 심재 부분이 땅을 향해있고, 죽은 변재 부분은 하늘을 향해있다는 건 참 가혹한 조건이다.

해마다 잎을 만들고 떨어뜨리는 나무의 성찰

정자에서 나무를 바라볼 때 머리를 스치는 생각이 있었다. '나무는 자살하지 않는다.' 어떤 환경에 처해 있어도 자신에게 주어진 삶을 철저히 살아간다. 변재 즉, 죽어있는 부분이 다 드러나도 삶을 향해 가지를 뻗어 나가는 생명력에 감탄했다. 그 뒤로 가끔 아산에 가서 정자에 앉아 느티나무를 보다 오곤 한다.

나무는 잎을 축적하지 않는다. 그러나 인간은 축적에 익숙하다.[32]

겨울이 오기 전에 나무는 자신의 잎을 떨어뜨리기 시작한다. 아침 편지로 유명한 고도원의 《혼이 담긴 시선으로》에 낙엽에 대한 이야기가 나온다. 저자는 옹달샘이라는 명상센터를 운영하고 있다. 그곳에는 사람들이 많아 김장하는 규모도 엄청나서 버리는 배추 찌꺼기의 양도 많다고 한다. 그것이 썩으면 고약한 냄새가 진동한다. 그런데 낙엽이 엄청 쌓이는 숲에서는 썩은 냄새가 나지 않는 게 신기했다고 저자는 말한다. 나뭇잎이 무수히 떨어져 쌓이는데, 왜 거기에서는 썩는 냄새가 나지 않을까 궁금했던 저자는 낙엽이 수분 없이 완전히 말라서 떨어지기 때문이라는 사실을 깨달았다.

나무는 자신이 필요한 만큼만 소유하고 겨울이 다가오기 전부터 불필요한 것을 덜어버린다. 소유하고 싶다는 끝없는 욕심을 채우려는 인간과 달리 필요한 만큼만 가지는 것이다. 그렇게 축적하지 않는 나뭇잎은 땅에 떨어져도 썩지 않는다. 불필요한 것을 다 내려놓고 떨어지기 때문이다. 땅에 떨어져 바삭거리는 나뭇잎을 주워 냄새를 맡으면 흙냄새가 난다.

강판권 저자는 '갈잎나무가 1년마다 잎을 만들고 잎을 떨어뜨리는 성찰의 행위는 바로 사람들이 제대로 봐야 할 나무의 참모습이다'라고 말한다. 나무의 삶에 우리의 삶을 비춰본다면 좋겠다. 나무가 살아가는 모습을 통해 내 삶을 성찰해보면 많은 것을 깨달을 수 있다.

재해석

책 제목을
바꿔보자

노트에 기록하고 나서 가장 선명하게 떠오르고 오래 기억되는 것은 나만의 재해석을 한 문장이다. 문장이라기보다 저자의 시선으로 주제를 찾는 것처럼 내가 책을 소화하고 떠올린 제목이라고 할 수 있다. 재해석은 책이 미치는 영향으로 자신은 어떤 생각을 하는지 스스로 질문하고 답을 해보는 것이다. 노트 작성을 시작한 지 얼마 되지 않았을 때는 독자 관점에서 초서하고 저자 관점에서 요약하며 주제를 찾고 마무리했다. 그런데 항상 무언가 놓친 듯이 허전함이 남았다. 맛있는 음식을 차려놓고 먹지 못해 허기진 느낌이었다. 내 것으로 만드는 재해석이 일어나지 않아 소화를 시키지 못한 것이다. 나만의 재해석을 도와준 방법은 '7 Words Rule'과 '책 제목 바꿔보기'다.

일곱 글자의 압축미

7 Words Rule이란 쉽게 말해 7글자 이하로 정의해보는 것이다. 박웅현의 《여덟 단어》에는 이런 얘기가 나온다.

> 내가 말하고 싶은 게 일곱 단어로 정리되지 않는 건 아직 내 생각이 정리되지 않았다는 겁니다. 저는 이걸 광고 만들 때 적용합니다. 처음에는 어렵죠. 다 괜찮은 것 같고, 30분 정도 설명해서 이해시킬 수 있어요. 그러면 계속해서 딱 한마디로 알아들을 수 있는 지점까지 좁혀나가죠. 이걸 생각의 증류라고 해요. 현상은 복잡하고 본질은 단순한 이 세상에서 단순한 본질을 뽑아내기 위한 증류 과정은 제가 일하는 업계에서 필수적인 일입니다. 여러분도 이런 생각의 증류 과정을 거쳐 이야기를 해보세요. 소통의 폭이 훨씬 넓어질 겁니다.[33]

7 Words Rule이란 원래 할리우드에서 시나리오를 투자받고 싶다면 일곱 단어로 설명하라는 뜻이었다. 자신만의 재해석을 할 때 이 방법을 사용하면 효과가 있다. 책을 재해석하면서 7글자 이하로 표현해보는 것이다.

사마천의 《사기열전》을 처음으로 재해석해보려니 힘들었다.

사마천이 궁형의 수치까지 겪으며 쓴 사기는 분량이 엄청나서 한 호흡에 읽기는 불가능하다. '나라의 흥망성쇠를 결정하는 것은 무엇인가?' '사람과의 관계에서 어떤 마음을 가져야 하는가?' '군주와 백성과의 관계?' '국가 간의 전쟁?' '여러 관계를 맺으며 살아가는 수많은 변화에 어떻게 대처해야 하는가?' 내용도 다양하고 질문할 것도 많았다. 막상 7글자 이하로 재해석한다면 뭐라고 해야 할까 고민하다가 책에 나온 "천하는 마음을 얻는 자의 몫이다."를 대표 문장이라고 생각하고 재해석의 근거로 압축해보았다. "한 사람의 마음을 얻어라." 13자에서 10자로 줄였다. 7글자까지 줄인다면 어떻게 표현해야 할까? "마음을 얻어라." 최종적으로 재해석하기 위해 압축한 표현이다.

세상을 읽는 것은 사람의 마음을 얻을 수 있는 방법이다. '원망하는 마음은 반란의 불씨가 된다'라는 말이 있다. 결국 '사람의 마음을 어떻게 얻을 것인가?'라고 해석했다. 압축해서 정의내리기는 의외로 쉽지 않지만 계속할수록 요령이 생긴다. 《사기열전》 하면 나는 '마음을 얻어라'를 가장 먼저 떠올린다. 나만의 재해석을 반드시 7글자 이하로 줄여야 하는 것은 아니지만 압축해가는 과정이 즉, '생각의 증류'를 통해 복잡한 책을 단순화하면서 본질이 무엇인지 뽑아내는 힘을 기를 수 있다.

'7 Words Rule'은 주제를 찾아내는 데 써도 효과적이다. 압축하고 또 압축해서 얻는다는 특징 때문이다. 《사기열전》을 읽은 후 나만의 재해석은 '(한 사람의) 마음을 얻어라'였다. 나만의 정의를 노트에 적고 끝내면 안 된다. 아무리 책에서 영향을 받아 재해석한 문장이라도 그것은 엄연히 자신의 창의적 생각에서 나왔기 때문이다. 그러니 그 문장을 타이틀로 쓰고 자신만의 글쓰기를 해보며 마무리해야 한다. 자신의 생각을 풀어쓰는 것 자체가 글쓰기를 연습하는 효과도 있다. 내 노트에 쓴 글을 옮겨보면 이렇다.

〈마음을 얻어라〉

세상을 움직이는 것은 사람의 마음을 얻는 일이다. 한 사람의 마음을 얻을 수 있다면 세상을 얻을 수도 있다. 마음을 얻을 수 있는 방법은 무엇일까? 백성 한 사람의 마음을 얻는 것은 군주의 진실한 마음에서 나오는 게 아닐까? 진실한 마음이란 백성을 자신의 부모처럼 대하는 것일까? 군주를 바꿀 수 있는 건 백성이다. 그러니 백성 한 사람의 마음을 얻을 수 있다면 세상을 다스릴 수도 있다. 군주와 백성만이 아니다. 개인과 개인 사이에도 이 본질은 중요하다. 그렇다면 한 사람의 마음을 얻을 수 있는 건 과연 무엇일까? 그 사람을 위하는 진실한 마음이 있을 때 가능할 것이다. 진실은 있는 그대로에서 더하지도 빼지도 않는 것이다. 그러니 사람을 사랑하고, 배려하는 마음을 가져야 한다. 이 진실을 상대가 알 때 상대의 마음을 얻을 수 있다.

작명 센스 없어도 책 제목 바꿔보기

자신의 관점으로 책을 재해석하는 가장 강력한 방법은 제목을 바꿔보는 것이다. 독자로 초서하는 것은 감상이고, 저자의 시선으로 주제를 찾는 건 이해에 가깝다. 나만의 재해석은 책을 소화하는 것이다. 책 제목 바꿔보기가 나만의 재해석 방법으로 가장 효과적이다(책 저자가 알면 싫어할 수도 있겠지만).

헨리 데이비드 소로(Henry David Thoreau)가 쓴 《월든》을 읽고 내가 재해석한 제목은 〈간소한 삶〉이다. 소로는 숲속에 들어가 불필요한 것들을 거부하고 자신의 노동만으로 생계를 유지하는 생활을 한다. 그 결과 "1년 중 약 6주일간만 일하고도 필요한 모든 생활비용을 벌 수 있다는 것을 알았다"고 말한다. 나는 현실에서 늘 무언가 부족하다는 생각에 휩싸일 때가 많았는데 생각이 바뀌었다. 물론 19세기를 살았던 소로의 삶이 21세기에 맞는지 알 수 없고 소로처럼 아무것도 없이 숲속에서 생활해보기는 어렵다. 하지만 자유로운 삶은 불필요한 것을 추구하지 않을 때 얻을 수 있다.

한 가지 더 예를 들자면 아잔 브라흐마의《술 취한 코끼리 길들이기》를 내가 재해석한 제목은 〈만족을 아는 삶〉이다. 이 책은 마음을 파괴하는 나쁜 감정에 얽매이거나 휘둘리지 않고 현명하게 대처한 일화를 소개한다. 핵심문장을 '욕망의 자유, 욕망으로부터의 자유'라고 썼다. 욕망의 자유'는 말 그대로 욕망하는 것을 계속 충족하면서 자유를 얻을 수 있다는 뜻이고, '욕망으로부터의 자유'는 욕망 자체에 집착하지 않고 벗어날 때 자유로울 수 있다는 뜻이다. 이 책을 보고 내가 욕망에서 완전히 자유로울 수는 없겠지만 현재 가진 것에 만족하는 만큼 욕망의 굴레를 헐겁게 만들 수 있겠다는 생각이 들었다. 그래서 재해석한 제목이 〈만족을 아는 삶〉이다. 노트에 적은 내용을 인용해본다.

> 변하지 않는 것에 대한 받아들임. 내 안에 있는 야생의 코끼리를 어떻게 길들일 수 있을까? 욕망으로부터 자유로워져야만 가능하다. 백만장자가 되더라도 마찬가지다. 당장 내일 아침 회사에 억지로 나가지 않아도 되고, 돈에 얽매여 살지 않게 된다 해도 욕망에서 자유로워질 수는 없다. 늙음도, 죽음도 돈으로 해결할 수 없고 가정의 행복을 돈으로 살 수도

없다. 오히려 백만장자의 삶을 감당할 수 없어서 돈에 눌려 힘들어할지도 모른다. 결국 욕망으로부터 벗어나려는 삶의 자세가 필요하다. 누구에게나 그렇듯이 자신에게도 죽음이 온다는 것은 불변하지 않으며, 행복만 존재하는 게 아니라는 사실을 인정할 때 아름다운 자유의 꽃이 삶에 피어난다. 특히, 소유에 관해서는 더더욱 그렇다. 현실에서 가진 것에 만족하는 만큼 소유하고 싶은 욕망에서 자유로워질 수 있다. 만족을 아는 삶. 인간이기에 욕망에서 벗어나기는 어렵지만 진정한 만족을 아는 만큼 삶이 여유로워질 수 있다. 사랑, 행복… 나에게 만족을 주는 것을 자주 들여다볼 때 욕망에서 조금 더 자유로워질 수 있다.

노트 작성에서 독자의 감상과 저자 관점의 이해라는 틀에서만 사고하는 단계에서 벗어나게 해주는 것이 재해석이다. 재해석하는 방법으로 '7 Words Rule'과 '제목 바꿔보기'를 활용해보면 좋다. 알맹이 없는 땅콩을 가지느냐, 알맹이가 있는 땅콩을 가지느냐? 선택은 스스로 재해석을 하느냐, 하지 않느냐에 따라 달라진다. 그러니 자신의 관점에서 재해석하는 시선을 놓치지 말아야 한다. 책은 재해석하는 만큼 자신의 일상에 들어온다.

《생각하는 힘, 노자 인문학》, 비는 장소를 가리지 않고 내리는구나

최진석 교수는 《생각하는 힘, 노자 인문학》의 서문에서 이렇게 말한다.

> 우리는 왜 '생각'할 수 없게 되었을까? 외부로부터 강한 신념, 이념, 가치관, 지적 체계의 영향을 받기 때문이다. 반면 '경계에 있다'는 것은 신념과 이념에서 벗어난 자유로운 상태를 말하며, 통찰을 하는 사람은 바로 이 경계에 있는 사람이다. 결국 신념을 벗어난 '나'로 돌아가야 통찰력, 인문적 사고력이 생긴다.[34]

노자와 공자의 사상은 신의 세계라는 천명론을 극복하고 인간으로 다가가는 것이 중요한 철학이었다. 노자는 그것을 자연의 질서에서 찾았으며, 공자는 부모와 자식 사이에서 있는 것 같은 인간의 근본 정서에서 찾았다. 이 책을 초서하면서 노자의 '무위'에 관한 세계관이 재미나게 느껴졌다. 특히, 보여지는 대로 보는 통찰의 힘에 관해 많은 생각을 할 수 있었다.

무위의 반대말은 '유위'입니다. 유위란 이념이나 신념과 같은 가치론적인 어떤 근거를 가지고 세계와 관계하는 것입니다. 그 기준에 따라서 이 세계를 봐야 하는 대로 보는 것이지요. 그런데 이 세계를 봐야 하는 대로 보는 사람은 보여지는 대로 볼 수 있는 사람에게 항상 패배할 수밖에 없습니다. 봐야 하는 대로 보는 사람은 자신의 뜻을 세계에 부과하려고만 하고 세계의 변화를 알려 하지 않기 때문에 그 변화에 적절한 반응을 하기 어렵습니다.

반대로 이 세계를 보여지는 대로 볼 수 있는 사람은 봐야 하는 대로 보는 사람을 항상 이깁니다. 보여지는 대로 보고 세계에 반응한다는 것은 세계의 변화에 딱 맞게 반응한다는 것 아니겠습니까. 이것이 노자가 말하는 '무위'의 힘입니다. 이 '무위'의 힘을 지키면 세상에 이루지 못할 일이 없게 되지요. 따라서 당신이 제후라면 궁극적으로 천하를 장악할 수도 있는 것입니다.[35]

이 책은 무위에 대해 이렇게 이야기한다. "노자는 가치론적 판단 기준을 모두 걷어내고, 이 세계를 사실 그대로 볼 수 있는 단계를 '무위(無爲)'라고 합니다." 노자가 말하는 무위를 정확하게 이해하기는 힘들다. 다만 자신이 보고 싶은 대로 보는 사람은 세상이 보여지는 대로 보는 사람을 앞설 수 없다는 사실을 인정할 수 있다. 자연현상을 통해 깨닫는 것들이 노자의 말을 뒷받침해 준다.

비는 장소를 가리지 않고 내린다

한여름 소나기가 내리는 날, 떨어지는 비를 유심히 쳐다보며 무위의 힘이 무엇인지 생각해본 적이 있다. 갑자기 쏟아지는 비를 피해 회사 현관으로 뛰었다. 다행히 옷이 흠뻑 젖도록 비를 맞지는 않았다. 시원하게 내리는 소나기를 바라보다가 노트에 초서한 '보여지는 대로 보는 힘'을 떠올렸다. 비는 나무 위에도 내리고 주차장에 서 있는 차 위에도 내리고 있고 수많은 풀잎 위에도 내리고 있었다.

'비는 장소를 가리지 않고 내리는구나!'

비가 장소를 가리지 않고 내린다는 인식은 보여지는 대로 세상을 본 결과다. 그러나 내 마음에 따라 보고 싶은 대로 보는 세상이 될 수도 있다. 비를 보고 '젠장, 오늘 안 좋은 일도 많았는데 비까지 내리네.' 하고 원망하는 마음으로 바라보는 것은 내 감정이 개입되었기 때문이다. 비는 장소를 가리지 않고 내리는데 그 비를 맞은 사람은 자신이 보고 싶은 대로 보기 때문에 보여지는 대로 볼 수 없는 것이다.

보여지는 대로 보는 세계

노자가 말하는 무의의 힘은 자연현상을 있는 그대로 볼 수 있고, 거기에 맞춰 행동할 때 커진다. 《생각하는 힘, 노자 인문학》의 저자는 법정 스님의 일화를 들며 자기 뜻을 개입시키지 않고 바라보는 태도에 관해 말한다.

> 법정 스님의 에세이 《무소유》에는 이런 이야기가 나옵니다. 스님이 버스를 타려고 막 뛰어가는데 버스가 가버렸어요. 원망스럽지요. '조금 더 빨리 나올 걸' 하면서 마음이 후회스럽고 불편합니다. 고통이 생긴 것이지요. 그때 법정 스님은 '아, 내가 너무 빨리 왔구나. 내가 탈 버스는 뒤에 있구나'라고 생각했다고 해요. 떠난 버스가 자신이 탈 버스라고 생각하는 것이 바로 상을 짓는 행위입니다. 버스는 그냥 자신의 시간표에 따라 움직일 뿐인데 말이죠. 상을 짓는 행위, 어떤 것을 '자기 뜻대로' 정해버리는 행위가 불교에서 말하는 '소유(所有)'입니다. 평등한 세계를 자기 뜻대로 소유해버리는 것이죠. 자기 시간표대로 움직이는 버스를 보고, 내가 탈 버스라고 내 마음속에서 정해버리는 그것이 바로 '소유적 태도'이자 '상을 짓는 태도'이지요.[36]

자신이 '보고 싶은 대로 보는 세계'에서 '보여지는 대로 보는 세계'로! 저자의 말처럼 '자신이 진실이라 믿는 어떤 것이 진실이 아닐 수도 있다고 스스로를 견제하는 힘. 즉, '확신하지 않는 힘'을 통해 세상을 바라본다면 자연에서 일어나는 일을 객관적으로 받아들이는 힘은 커진다. 자신의 경험과 욕망에 갇혀서 보지 말고 자발적이고 객관적으로 보려는 태도를 가져야 한다. 그래야 저자의 말처럼 세상을 보여지는 대로 볼 수 있게 된다. 그러려면 자신을 가두는 신념이나 이념의 틀을 벗어나 바라보는 적극성을 가져야 한다.

책을 읽고, 초서하고, 내용을 이해하고, 주제를 찾고 나면 내 생각은 무엇인지 헤아려보게 된다. 나만의 재해석은 주관적인 것이지만 저자가 말하는 보여지는 대로 보는 세계에서 바라보려고 노력해야 한다. 재해석할 때 자신이 보고 싶은 대로 보는 경우가 많겠지만 말이다. 비가 장소를 가리지 않고 내린다고 인식하듯이 재해석할 때도 세상을 보여지는 대로 보기 위해 경계에서서 보려고 애써야 한다. 그러니 노트를 한 번 작성하고 끝낼 것이 아니라 시간을 두고 계속 고치며 가다듬어야 한다. 그래야 더 좋은 기록이 된다.

【한큐에 정리한 독서노트 작성의 기술】

3단계 시선으로 기록

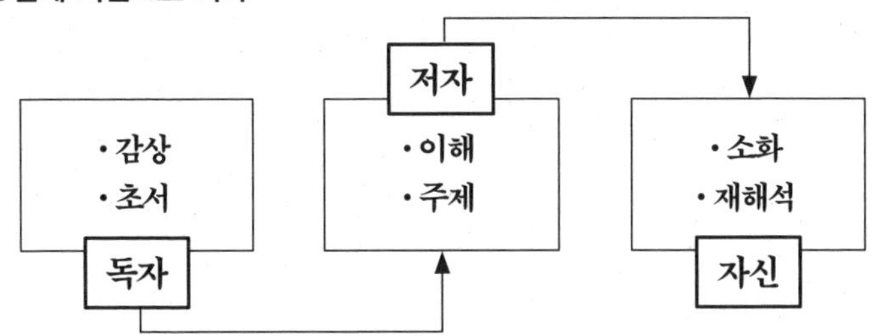

책을 읽고 손끝 생각으로 감상하고, 이해하고, 소화시킨다.

1. 사색
생각을 기록하면 쌓인다. 쌓은 생각은 자신만의 사색도서관을 만들어 보관할 수 있고 사용할 수 있다.

2. 독서
책 읽는 즐거움이 먼저다. 그저 맘에 드는 문장에 밑줄 긋고, 메모하며 읽는다.

3. 시선
3시선으로 적는다. 독자의 감상, 저자의 이해, 자신의 재해석으로 적는다.

4. 검색
검색의 3총사 '번호, 책 제목, 저자'를 적는다. 노트에 최우선적으로 적는 것은 번호다.

5. 초서
좋은 문장을 맘껏 훔치고 적는다.

6. 주제
목차를 보며 전체를 요약하고, 주제를 찾는다.

7. 재해석
책 제목을 자신이 생각한 것으로 바꿔본다.

3

노트에
생각을
편집
하라

창조는 편집이다.
노트 기록을 활용할 수 없다면 그것은 그저 베껴 쓴 메모일 뿐이다.
구슬은 꿰어야 보석이 되듯 노트에 적힌 생각도 마찬가지다.
생각을 섞고 편집하라. 그곳에 창조가 숨어있다.

독서노트 다시 읽기

아! 그 책, 노트 덕에 바로 생각났어

좋은 책을 만나면 다시 읽어보고 싶은 생각이 든다. 책을 재독(再讀)하듯이 노트를 다시 읽어보는 것도 괜찮은 방법이다. 100개의 노트 기록을 작성하고 나서 순서대로 하나씩 읽어본 적이 있다. '내가 이런 생각도 했었구나!' 새롭기도 하고 때로는 놀랍기도 했다. 노트에는 대부분 정제된 내용이 적혀 있으니 다시 읽을 때도 한 자 한 자 정독하게 된다. A4 1~2장 분량이라면 천천히 곱씹어 보아도 커피 한 잔 마시는 사이에 여유 있게 읽을 수 있다. 노트 작성을 시작하고 몇 달간은 생각을 글로 전환해서 사고하는 속도가 느려 답답증도 생겼다. 그 과정을 고스란히 겪으며 기록한 내용을 다시 읽으니 그동안 고생한 데 대한 보답을 받는 기분도 든다.

사실 첫 책을 출간할 때까지는 노트를 쓰지 않았고 당연히 노트의 중요성도 몰랐다. 그 다음에는 노트를 쓰면서 두 권의 책을 더 출간했다. 노트를 쓰지 않을 때와 쓸 때의 차이를 비교해 본 결과, 노트 작성은 원고를 쓰는 데도 상당한 도움이 된다. 인용하고 싶은 문장도 노트를 통해 쉽게 찾을 수 있었다. 원고를 쓰다가도 '노트에 기록한 것이 있었지!' 하고 불현듯 기억이 떠오를 때가 많았다. 노트를 검색해보면 기억한 내용을 대부분 찾을 수 있었다. 책 제목도 저자도 생각나지 않을 때는 한글 폴더를 열고 그 당시 함께 읽은 책까지 떠올리면서 찾기도 했다. 노트는 원고에 인용할 문장을 생각할 때뿐 아니라, 글의 영감을 얻는 데 도움이 될 때도 있다.

봄이었다. 나무에 관련된 에세이를 쓰는데, 아파트 베란다 밖으로 이팝나무 꽃이 막 피어나는 게 보였다. 계절에 따라 변화하는 나무에 대해 적고 싶다는 생각이 들었다. 문득, 이팝나무와 관련해서 노트를 작성한 기억이 떠올랐다. '어느 책에서 읽은 것 같은데?' 책 제목은 생각나지 않고 나무칼럼니스트 고규홍이라는 이름만 머리에 맴돌았다. 한글 폴더를 열고 검색창에 '고규홍'을 적었다. 관련된 키워드에 9권의 책이 보인다. 이팝나무가 어느 책에서 나왔는지 기억을 잠깐 더듬어보니 《슈베르트와 나무》《고규홍의 한국의 나무 특강》 두 권으로 압축되었다. 원하는 내용을 찾는 데 1~2분 정도면 충분했다.

> 저는 봄을 매화 꽃 피어날 때부터 시작하여 이팝나무 꽃 질 때까지라고 생각하고 돌아다니지요. 개화기가 긴 이팝나무 꽃은 5월 초순에 피어나 5월 중순 넘을 때까지 피었다 지거든요. 그러면 봄이 끝나는 것 아니던가요? 그 무렵이면 오동나무에서 보랏빛 꽃이 피어나지요. 그런데 오동나무 꽃을 보면 저는 봄의 끝이라기보다는 여름의 시작이라는 느낌이 들어요. 꽃잎의 색깔이 여름처럼 진하고 화려하기 때문인지 모르겠어요. 그래서 늘 봄의 끝은 이팝나무의 낙화로 이루어진다고 생각한답니다.[37]

이팝나무 꽃이 지고 오동나무 꽃이 필 때 봄의 끝자락과 여름의 시작을 구분한다는 말을 초서해놓았다. 이 문장을 읽고 큰 나무를 찾아다니며 '여름이 시작되면 나무는 어떤 모습으로 계절을 맞을까?'라고 생각하다 보니 글이 술술 풀렸다.

'아! 그 책 생각났어'라고 떠올리기만 해도 많은 것을 얻을 수 있다. 노트 기록에는 좋은 문장과 더불어 자신의 생각과 사색이 공존해 있기 때문이다.

5분책의 비밀

'노트도 한 권의 책이다.' 이 말에 동의하는가? 이렇게 표현하면 어떨까? '노트는 나만의 유일한 한 권의 책이다.' 나만의 생각 덩어리를 글로 만나본다. 독자도 유일한 사람 바로 자신이다. 노트를 다시 읽어보는 데는 잠시 짬만 내면 된다. 전철에서도 좋고, 점심식사 후 휴식시간에 보아도 된다. 독서할 때처럼 장시간 집중하지 않고 한 문장씩 끊어 읽어도 된다. 노트는 자투리 시간에 독서하는 데 최상의 책이다.

나는 노트 재독을 '5분책'이라고 표현한다. 천천히 읽어도 5분이면 여유롭게 볼 수 있는 기록이기 때문이다. 노트 안에 책을 읽고 작성하는 시간과 노고도 담겨있다. 일단 작성해두고 나면 그후엔 5분 정도의 짧은 시간만 투자해도 큰 효과를 얻는다. 좋은 문장을 천천히 음미하면서 읽을 수 있고, 그 당시의 생각과 사색을 떠올릴 수 있다. 또 하나의 비밀이 있다. 그때 생각에 현재 생각을 더할 수 있다. 노트를 다시 읽을 때는 초서한 문장과 자기 생각을 어쩌면 책을 정독하거나 속독할 때보다 더 깊게 들여다볼 수 있다.

자기만의 색이 들어있는 유일한 한 권의 기록. 나는 노트도 책이라고 생각한다. 어느 땐 읽는 책보다 더 정이 간다. 효율성을 고려하면 노트를 다시 읽어야 하는 이유가 더 명확하다. 책 한 권의 평균적인 분량은 250페이지 정도다. 이 분량을 기준으로 노트 작성한 분량이 2페이지라고 가정해보자. 노트에 기록한 2페이지를 읽으면 한 권의 책을 다시 보는 효과를 얻을 수 있다. 10권의 책을 읽고 한 권당 2페이지씩 노트에 기록했다고 치자. 노트 20페이지를 읽으면, 2500페이지의 책을 읽는 효과를 얻는 것이다. 엄청난 차이다.

토끼와 거북이가 경기할 때 중간에 잠을 자던 토끼가 졌다. 이번엔 절대 질 수 없다고 결심한 토끼가 열심히 뛰어 산 정상까지 먼저 올랐는데, 또 역전을 당했다. 토끼는 왜 졌을까? 거북이가 산 정상에서 굴러내려 온 것이다.

노트는 거북이가 산 정상에서 굴러내려 온 것처럼 책 한 권을 5분에 읽는 효과만 부리는 것이 아니다. 몰입도 더 깊이 할 수 있다. 노트 기록을 보면 노트를 작성할 당시 내가 생각하고 사색한 것부터 다시 사고할 수 있다. 노트가 없다면 그때 생각을 기억해내기 위해 많은 시간을 할애해야 한다. 그렇게 기억을 끄집어내도 노트 기록과 같이 생생하게 기억을 되살리기 쉽지 않다. 머릿속에서만 생각하는 것은 기록의 힘을 이길 수 없다. 몰입의 권위자 미하이 칙센트미하이는 '몰입을 쉽게 하기 위해서는 목표가 명확해야 한다'라고 말했다. 이 말은 자신이 무엇에 집중하려는 것인지 정확히 알수록 몰입을 쉽게, 잘할 수 있다는 뜻이다. 노트 재독으로 그 당시 적은 내용을 읽는 동안 그때의 내 생각을 쉽게 떠올릴 수 있다. 이전 생각과 달라진 현재의 생각을 비교할 수도 있다. 노트를 꾸준히 쓰는 일도 중요하다. 꾸준히 쓰는 데 비례해서 노트를 다시 읽으며 활용하면 효과는 더 커진다. 노트 작성만 잘하는 것은 노트의 힘을 반만 사용하는 셈이다. 5분 정도면 한 권의 기록을 꼼꼼히 읽을 수 있다. 거기에 현재 자신의 생각을 더하며 생각을 확장하는 시간으로 만들 수 있다. 노트 기록을 재독하는 것이 노트 활용의 첫걸음이다.

출력방법은 다양하게

번호를 순서대로 부여하면서 5년가량 노트 작성을 하면 꽤 많은 기록이 생긴다. 갑자기 기억을 떠올려 기록을 찾는 경우도 자주 생긴다. 이럴 때 노트 기록도 도서관에서 책을 대출하는 것처럼 바로 찾을 수 있어야 한다. 머릿속에서 기억을 되살리듯이 즉시 찾는 출력방법을 만들어야 한다. 생각을 글로 적어 놓아 사라지지는 않는다고 해도 찾지 못한다면 도루묵이 돼버릴 수 있다.

자신이 쓴 노트를 자유롭게 대출할 수 있는 기능도 중요하다. 노트 활용의 기본적인 방법이다. 도서관에 가서 원하는 책을 찾는데 위치를 모른다면 그곳은 나에게 어질러진 보물창고일 뿐이다. 수많은 보물이 찾고 싶은 것을 오히려 방해하는 사태가 일어난다. 기록한 많은 자료가 방해꾼이 되어버린다.

나만의 사서, 검색

노트를 작성할 때 가장 기초적인 검색 키워드인 '번호' '책제목' '저자'로 쓰고 찾는 방법을 설명했다. 갑자기 떠오른 자료를 찾고 싶다면 3가지 키워드만으로 대부분 찾을 수 있다. 이걸 바탕으로 검색 키워드를 더 발전시켜 노트를 활용할 수 있다.

나는 자료가 쌓이면 노트 폴더 안에 작은 폴더를 만들어 활용한다. 나무에 관심이 커져 관련된 책을 집중적으로 읽을 때가 있었다. 이때 전체 폴더 안에 폴더를 새로 만들어 나무에 관한 기록을 한 번에 볼 수 있도록 저장했다. 그것은 나무에 관한 에세이를 쓸 때도 도움이 되었다.

나무에 관련된 것을 검색으로 한 번에 보고 싶다면 두 가지 기능을 활용할 수 있다. 폴더 안에 폴더를 만들 수도 있고, 기본 키워드 '번호' '책 제목' '저자' 뒤에 '나무'라고 적어도 된다. 검색할 때 키워드를 디테일하게 조합할 수도 있다. 두 방법 중 어떤 것을 활용해도 좋다. 나는 관심 분야의 범위가 넓어지고 6개월 이상 지속되면 폴더를 만들어 활용하는 방법을 쓴다. 그 폴더를 열면 관련된 것을 한눈에 볼 수 있는 장점이 있다. 이렇게 하면 하나의 관심 카테고리를 형성할 수 있다.

폴더로 묶지 않고 기본 키워드 뒤에 '나무'라고 세부 검색을 추가하는 방법도 장단점이 있다. '나무'라고 적고 검색해야 하는 번거로움이 있고 책 제목이나 저자 등 공통으로 들어간 키워드가 다 함께 검색되는 게 단점이다. 장점은 전체 폴더에서 지정한 폴더로 다시 들어가지 않고 이용하는 편리성이다. 전체 폴더에서 키워드 검색으로 한 번에 보느냐, 하위 폴더로 들어가느냐는 각각 장단점을 비교해보며 활용하면 된다. 별도 지정한 폴더의 수가 많지 않으면 상관없지만, 여러 개가 되면 오히려 더 혼란스러울 수도 있으니 주의해야 한다.

나는 아무리 많아도 10개가 넘지 않도록 꼭 필요한 경우에만 만든다. 한 분야의 책을 읽거나, 한 작가를 집중적으로 공부하고 싶을 때 주로 사용한다. 폴더가 많아지면 그 중 오래된 폴더에 있는 자료를 다시 전체 폴더로 옮기고 없애버리기도 한다. 자신의 사색도서관에 자료가 쌓이면 검색을 통해 다양하게 찾을 수 있도록 노트 활용 방법을 마련해야 한다. 언제든 자료를 다시 볼 수 있는 것 자체가 노트 활용의 기본이다. 기억이 떠오를 때 노트에 쉽고 편하게 접근하는 방법을 만들어야 한다.

나는 3가지 정도로 단순하게 찾는다. 하나는 기본 검색 키워드인 '번호' '책 제목' '저자'로 찾는다. 검색의 9할은 이 방법으로 찾는다. 나머지는 하위 폴더로 들어가 찾는 방법과 노트를 책

한 권 독서하듯이 읽으며 찾는 방법이다. 이밖에도 응용하면 여러 방법으로 찾을 수 있다. 노트에 접근하는 자신만의 효율적인 방법을 마련해둘 필요가 있다. 머릿속 떠오른 생각을 노트에서 찾을 때 얼마나 쉽고 빠르게 접근하는지가 달린 문제이기 때문이다.

발표 자료의 보물창고

노트를 활용하는 방법의 하나로 기록한 내용을 다시 읽어보는 재독이 있다. 머릿속에 맴도는 생각은 말로 표현하면 더 구체화한다. 이것은 노트 활용의 방법으로 사용할 수도 있다. 바로 노트 기록을 다른 사람들 앞에서 발표해보는 것이다. 나는 진행하는 독서모임에서 책에 관해 발표할 때 노트를 많이 활용한다. 발표할 때는 가능하면 A4 한 장에 글로 적어가는데 그 내용의 대부분은 노트에 작성한 기록을 가져다 쓴 것이다. 고치지 않고 발표할 때도 있지만, 독서모임에 맞게 살짝 수정해서 작성한다. 아예 독서모임 발표를 염두에 두고 노트 작성을 한 적도 있다. 하지만 그렇게 기록하니 적고 싶은 대로 다양하게 작성하는 데 제약이 생겼다. 그래서 노트 작성은 독서모임에 얽매이지 않고 자유롭게 한다. 독서모임에서 발표하고 싶으면 귀찮아도 기록을 참고해서 별도로 작성해간다.

독서모임에서만 노트를 활용할 수 있는 것은 아니다. 가까운 사람과 대화하는 가운데 노트에 담은 생각을 정리해서 말해도 좋다. 발표하는 것 자체로 노트를 다시 읽는 효과를 얻는다. 말로 표현하면 자신의 생각으로 더 구체적으로 만들어갈 수 있다. 발표하다 보면 작성한 것에 더하고 싶은 생각이 떠오르거나 수정하고 싶은 부분을 발견할 때도 많다. 생각을 글로 적어놓았기에 볼 수 있다는 게 노트의 장점이다. 글이라서 볼 수 있고 생각이 달라졌거나, 고치고 싶은 것도 수정할 수 있다. 생각을 마음대로 눈으로 보며 고칠 수 있다는 것은 노트의 매력이다. 사색의 깊이를 더할 수도 있다. 노트는 발표하고 말로 표현하는 데에 훌륭한 도구가 된다.

창조는 편집이다

지식 편집 시대에 걸맞은 독서노트 편집

"정보가 부족한 시대가 아니다. 다양한 방식의 편집이 가능한 지식 편집의 시대다." 김정운의 《에디톨리지》에 나오는 말이다. 맞는 말이다. 손안의 휴대폰 하나로 자신이 원하는 수많은 정보에 접근할 수 있는 시대다. 오히려 정보 과잉으로 판단하기가 어려울 지경이다. 저자의 말대로 다양한 정보를 어떻게 편집하느냐에 따라 새로운 창조물이 나오기도 한다.

창조적 편집을 노트 기록에 대입해볼 수 있다. 자기 생각 덩어리를 다양하게 결합해보는 것이다. 꾸준히 노트를 쓰면 책을 소화한 자료가 쌓인다. 기록이 늘어나서 비슷한 주제를 묶으면 그

속에서 새로운 시선이 생긴다. 자신의 재해석에서 영감이 떠올라 글 쓰는 재료로 삼을 수도 있다. 노트 기록 중 같은 분야의 책을 묶어보면 서로 다른 해석에서 새로운 생각거리를 발견하기도 한다. 한 작가의 책을 묶어보면 그가 걸어온 길도 보이고 시간의 흐름에 따른 생각의 변화도 살짝 엿볼 수 있다.

노트 편집은 자신이 정리하고 사색한 생각을 다양하게 결합해보는 작업이다. 예를 들어 '행복이란 무엇인가?'라는 주제로 노트에 기록한 것을 비교해보자. 어떤 기록에서는 '행복은 자주 느껴보는 것이다'라고 하고, 또 다른 기록에서는 '삶에 불필요한 것을 비워낼수록 만날 수 있다'라고 한다. 진화론의 관점으로 해석하면 '살아남기 위해서도 행복이 필요하다'라고 한다. 이처럼 행복에 관해 여러 해석이 나올 수 있다. 행복은 소유할 수 없고, 순간순간 느끼는 행복감을 통해 알 수 있다. 많은 것을 소유하기보다 불필요한 것을 덜어내는 과정에서 행복이 빈자리를 채운다. 행복은 살아남기 위한 경쟁력이기도 하다. 노트에 기록한 것을 묶어서 편집하면 자신도 모르는 새로운 시선으로 행복을 발견할 수 있다. 행복을 소유할 수 없다면, 행복이란 순간마다 찾으며 충전해야 하는 산소 같은 존재가 아닐까? 노트에 기록된 행복을 하나의 프리즘에 통과시켜 여러 색의 스펙트럼을 보는 것처럼 발견할 때가 많다. 노트의 편집은 이 자체만으로도 창의적 행위라고 말할 수 있다.

독서법 책에서 발견한 속독의 오류

책 읽는 재미에 빠지면서 독서법에 관한 책을 집중적으로 읽던 때가 있었다. 처음에는 좋은 책을 소개해주는 서적 위주로 읽다가, 제대로 읽는 방법을 알고 싶어져 독서법에 관한 책을 보았다. 독서법 책을 읽을 때 궁금한 점은 두 가지였다. 하나는 '어떻게 하면 짧은 시간에 읽을 수 있는가?'라는 속도에 관한 궁금증이고 다른 하나는 '책을 제대로 소화하는 방법'이다. 책을 소화하는 문제는 노트를 작성하면서 서서히 해결할 수 있다는 걸 알았다. 하지만 속독(速讀)에 관해서는 이해할 수 없는 부분이 많았다.

빠르게 읽는 방법을 알려주는 책은 많다. 눈을 빠르게 이동시키기, 핵심 단어나 문장만 찾으며 훑어 읽는 법, 텍스트가 아닌 이미지화해서 읽는 방법 등 다양하게 제시하고 있다. 하지만 노트 기록을 다시 살펴보니 빠르게 읽는 방법을 배우는 것과 내용을 이해하는 것은 또 다른 이야기다. 빠르게 읽으면 책을 이해하는 속도까지 함께 빨라질 수 있을까? 아니다. 그래서 속독에 관한 책은 대부분 이해될 때까지 반복적으로 읽기를 권한다.

내 경험으로는 실용서처럼 정보를 빨리 찾아야 하는 책에 적용할 때 효과가 조금 있었다. 다른 분야에는 적절하지 않는 방법이다.

예를 들어 소설 속 문장 "그녀의 마음은 돌탑이 무너지듯 내려앉았다"를 속독으로 읽었다고 해서 '그녀가 힘들다'라고 빠르게 이해하고 넘어갈 순 없다. 속독으로 다양한 분야의 책을 다 읽을 수 있다고 말하는 건 소가 웃을 일이다. 시나 소설을 읽는 행위는 감성으로 읽고 느끼는 것에 가깝다. 실용서처럼 빠르게 읽을 수는 없다. 독서법을 다룬 책 여러 권을 묶어서 살펴보니 오류를 찾아낼 수 있었다. 결국 속독에는 여러 기교가 있지만, 자신이 이해하는 속도와 비례해서 읽을 수밖에 없다. '이해의 속도가 책을 읽는 속도다'라는 사실을 다시금 깨닫게 되었다. 빠르게 읽기는 이해의 속도만큼 가능하다. 독서법을 다룬 책 한 권을 볼 때는 혼란스러웠으나, 여러 책의 노트 기록을 묶어서 보니 다양한 관점을 이해하고 오류를 찾는 시선이 생겼다.

한 작가의 책을 묶어보면 생각이 확장된다

노트를 쓰다 보면 좋아하는 작가 한 사람의 책을 많이 작성하게 된다. 내 노트에는 법정 스님과 조정래 작가의 기록이 많다. 한

동안 구본형 작가의 '변화'라는 단어에 이끌려 그의 책을 스토커처럼 읽기도 했다. 한 작가의 저서를 계속 읽다 보면 노트 작성을 할 때 한 곳에 모아서 보고 싶어진다. 예를 들어 나는 구본형 작가의 기록을 묶고 싶으면 전체 폴더 안에 저자의 이름 '구본형'을 붙인 새 폴더를 만들고 작성한 기록을 '구본형' 폴더 안에 모아놓는다. 이렇게 한 작가의 작품을 한 곳에서 보다가 생각의 편집이 일어나기도 한다. 이곳에서는 작가가 책을 발행한 순서대로 볼 수도 있고, 시간에 따른 작품의 변화와 관심 주제가 무엇인지도 알 수 있다.

조정래 작가는 《황홀한 글 감옥》에서 이렇게 쓰고 있다.

> 세 작품을 관통하는 공통점은 세 가지입니다. 역사의 주인이고 원동력인 민중의 발견, 민족의 비극인 분단과 민족의 비원인 통일의 자각, 민족의 현실을 망치고 미래를 어둡게 한 친일파 문제.[38]

세 편의 대하소설을 통해 전달하고 싶었던 메시지라고 한다. 작가는 이렇게도 이야기한다. "세 편을 쓰고자 하는 구상은 한꺼번에 이루어졌습니다. 왜냐하면 이해의 관계를 내포하고 있었기 때문입니다. 그래서 《아리랑》 《태백산맥》 《한강》이라는 제목까지 다 정해주었습니다."

조정래 작가의 작품을 한군데 모아서 보면 대하소설의 큰 틀을 바라보는 시선이 생기기도 한다. 해방 이후 대한민국이 수립되기 전 《태백산맥》을 통해 민중을 발견할 수 있었다. 소설 속에는 200명도 넘는 등장인물이 나온다. 어쩌면 소설에 나온 모든 사람이 주인공이란 생각이 들었다. 지주와 소작농, 자유주의와 공산주의, 여러 계급과 사상이 거미줄처럼 얽힌 시대를 표현한 것이다. 그 시대를 살아간 한 사람, 한 사람의 삶. 주인공은 소설에 나온 모든 사람이다. 한 작가의 저서를 묶어서 편집해보면 그의 의식을 통해 내 생각도 조금은 더 커진다.

작가로 묶은 폴더 중 법정 스님 폴더도 있다. 스님의 여러 기록을 편집해보면 공통점은 '순간마다 깨어 있는 삶'에 관한 이야기임을 발견하게 된다.

이처럼 한 작가의 책을 묶어서 보면 생각이 확장되고 다른 시선도 만나게 된다.

내 관심 주제에 따라 편집하기

도대체 누구 말이 맞는 거지? 건강과 관련된 다양한 책을 읽으니 오히려 혼란스러워졌다. 음식을 열량으로 계산해서 적정량만 먹어야 하나? 소식하면 좋아진다는 말이 맞는 건가? 채식? 육

식? 운동이 좋다는 책도 있고, 과격한 운동은 독이 된다는 책도 있다. 일단 건강과 관련된 책 여러 권을 묶어 편집해보고 판단해보기로 했다. 건강에 관련한 책을 묶어놓고 주제를 '나에게 맞는 건강법'으로 정한 다음 노트에서 기록을 찾아보았다. 건강에 관해 여러 관점에서 본 내용을 편집해보니 답이 나온다.

건강 검진을 받으면 혈압 때문에 재검이 나올 때가 많다. 고혈압 약을 복용할 정도는 아니지만 경계선에 있다. 그래서 고혈압에 대해 작성한 노트 기록을 보았다. 그중에서 황성수의 《고혈압, 약을 버리고 밥을 바꿔라》의 핵심 내용은 고혈압이 혈관이 좁아져서 생기는 현상이라는 것이다. 그러니 콜레스테롤이 적게 든 음식 위주로 먹어야 한다. 또한 고혈압에 좋은 음식이라도 많이 먹으면 오히려 건강을 해친다. '코끼리는 풀만 먹는데도 많이 먹어서 덩치가 크다'라는 농담처럼 말이다. 결국 덜 먹고, 콜레스테롤이 적은 채소 위주로 식사를 하는 게 중요하다. '소식과 채소'를 연결해보니 초식동물인 토끼가 생각났다. '소식하는 토끼'를 떠올리며 일상에 적용해 보면 좋겠다는 결론을 내리게 되었다.

이렇듯 노트 기록이 많아지면 그것을 다양하게 편집할 수 있다. '창조는 편집'이라는 말을 어렵게 생각할 필요 없다. 노트에 적용할 때 공통점이 있는 것을 묶고, 섞어 놓으면 또 다른 해석이 만들어진다. 흥미롭지 않은가? 노트 작성으로 머릿속에서 사라지는 생각을 글로 전환해 놓았기 때문에 가능하다. 여기서 설명한 방법 말고도 스스로 찾아보면 더 다양하게 활용할 수 있는 방법이 나온다. 그러니 노트를 맘껏 편집하고 활용해보자.

글쓰기,
책쓰기로
연결하는 힘

글쓰기로 연결하는 힘

독서는 눈으로 보고 습득하는 입력에 해당한다. 반면에 노트 기록은 글로 쓰며 이해하는 출력에 해당한다. 노트 작성은 글쓰기에 가깝다. 문장의 초서까지 글쓰기라고 말하기엔 무리가 있지만 문장을 써보는 것은 글쓰기를 미리 연습하는 효과가 있다. 거기에 자기 생각이 더해지면 글쓰기가 된다. 노트 작성을 글쓰기와 연결하려면 문장을 옮겨 적고 그 밑에 자기 생각을 간단하게 적어보는 게 좋다. 인용한 문장에 자기 생각을 더해보는 것도 짧은 글쓰기와 같은 효과가 있다. 글쓰기는 누구나 할 수 있다. 생각나는 대로 글로 적으면 된다. 다만, 글을 조금 더 잘 쓰려면 고치고 수정하는 과정이 필요하다. 노트 작성에서 인용한 문장에 자기 생각을 더해 적는 것도 글쓰기고, 그것과 관련된 글감에 대해 더 적는다면 본격적인 글쓰기가 된다.

내 경험상 글은 쓰면 써진다. 잘 써질 때까지 기다릴 게 아니라 쓰다 보면 글감도 생기고, 쓰다 보면 글 쓰는 실력이 향상된다. 글은 쓸수록 쉬워지고, 익숙해진다. 노트에 초서하며 간단하게 문장에 대한 생각이든, 깨달음이든 쓰고 싶은 것은 무엇이든 적는다. 이 행동만으로도 노트를 글쓰기로 연결하는 힘이 생긴다.

적는 사람이 저자, 잘 쓰든 못 쓰든 자유롭게!

독서모임에서 만난 지인 중 십 년 가까이 노트를 쓴 분이 있다. 책쓰기를 권했더니 원고를 쓰고 바로 출간까지 했다. 재미난 사실은 특별히 책쓰기를 배우지도 않았는데, 첫 원고를 힘들지 않게 썼다는 것이다. 옆에서 지켜보니 원고를 몇 달 만에 쓰고 출간한 것도 대단하지만, 직장을 다니면서 틈틈이 썼다는 게 놀랍다. 노트 작성이 자신도 모르게 글과 책 쓰는 근육을 단련해준 것이다. 원고를 쓸 때 노트를 수시로 펼쳐보았으리라. 10년 전 작성한 기록이라도 보는 순간 그때 기억이 생생하게 떠오르고, 노트를 작성해온 것이 원고를 쓸 때 큰 도움을 주었다고 한다. 노트 작성을 하며 자신도 모르게 책을 쓰는 방법을 익힌 것이다.

나의 경험과도 많이 겹친다. 초서하면서 문장 쓰는 방법을 익히게 된다. 목차를 쓰고 전체를 요약해보면서 책을 구성하는 방법을 배우게 된다. 저자 관점에서 주제를 찾아보는 것도 자신이 쓸 주제를 만드는 데 도움이 된다. 한발 더 나아가 자신만의 재해석을 해보면 책쓰기 연습까지 할 수 있다. 3단계 시선인 '독자' '저자' '나'의 관점으로 노트를 적으면서 글을 쓰는 것뿐 아니라, 구성하는 버릇도 생겼다. 저자로서 쓴다는 생각을 스스로 할 때부터 주도적으로 글을 쓸 수 있다.

글쓰기는 단순하다. 무엇이든 쓰기 시작하면 써진다. 그런데 우리는 글쓰기를 왜 힘들어할까? 이유는 간단하다. 잘 쓰려 하고, 형식에 맞춰 쓰려 하기 때문이다. 글쓰기는 자기 생각을 적는 것이다. 입으로 말하듯이 글자와 문장을 쓰는 것이다. 우리는 주입식 교육에 길들어 자유롭게 쓰기보다 평가받기 위해 쓰는 경향이 있다. 노트는 멋대로 거침없이 적어도 된다. 다른 사람의 눈치를 볼 필요 없다. 누가 뭐라 해도 노트의 저자는 나 자신이다. 누군가 만들어둔 형식에 모범답안 작성하듯 적은 건 남의 글이다. 잘 쓰든, 못 쓰든 현재 자신의 수준에서 주체적으로 쓰는 것이 중요하다. 결국 쓰는 당신이 저자이기 때문이다.

내가 현재 참여하는 독서모임엔 '15분 글쓰기'가 있다. 하나의 주제를 정해서 일정 시간 내에 손 가는 대로 글을 써보는 활동이다. 글이 잘 쓰이는 날도 있고, 맘에 들지 않은 날도 있다. 그래도 고치지 않는다. 심하게는 자신의 글을 읽을 때 쓴 글과 다르게 즉석으로 꾸며 발표하기도 한다. 듣는 사람도 그 글을 평가하지 않고 박수만 쳐준다. 15분 글쓰기를 하면 가장 많이 변하는 게 하나 있다. 글쓰기 실력의 향상보다 더 중요한 것이다. '자신의 글을 남의 글처럼 보는 것.' 쉽게 말해 자신의 글을 평가받고 남의 글을 평가하는 부담에서 벗어날 수 있다.

노트는 15분 글쓰기보다 더 자유로운 공간이다. 내가 저자고, 내가 독자다. 그러니 잘 쓰든 못 쓰든 자신이 주도적으로 쓰는 태도가 중요하다. 머릿속에선 생각을 잘 못한다고 멈추지 않는다. 노트도 '밖으로 꺼낸 뇌'라고 인식하면 된다. 머릿속처럼 할 수는 없지만, 쓰고 고치면 된다.

책쓰기로 연결하는 근육

"글쓰기와 책쓰기는 무엇이 다릅니까?"

"분량입니다."

책쓰기 강의를 할 때 가끔 글쓰기와 책쓰기의 구분이 모호하다고 질문하는 사람들이 있다. 둘을 구분할 기준은 많다. 예를 들어 글쓰기는 목차가 필요 없지만, 책쓰기에서는 있어야 한다. 이외의 여러 가지 구분 기준 가운데 내 답변은 '분량'이다. 글쓰기는 서너 줄 적어도 된다. 책쓰기에서는 어림없는 소리다. 글로 원고지 1000매가량을 채우기는 쉽지 않다. 거기다가 자신만의 주제를 가지고 써야 하니, 책쓰기는 엄두가 안 난다는 사람이 많다.

노트를 활용하면 책쓰기를 연습할 수 있다. 자신이 재해석한 메시지를 바탕으로 자기 글을 써보는 방법이다. 노트를 작성할 때마다 이 연습을 통해 자신의 경험에서 주제를 더 구체적으로 찾아 발전시키면 책쓰기도 가능하다. 노트 기록을 많이 한다고 해서 책을 쓸 수 있는 것은 아니지만, 자신만의 주제를 발견하면 책을 쓰는 데 도움이 된다.

자신이 저자가 되어 글을 쓸 때부터 자신만의 글로 표현하는 시선이 생긴다. 독서가 입력이라면 노트 작성은 출력으로 바꾸는 시간이다. 소비자에서 생산자가 되는 순간이다.

나는 자신만의 재해석을 글로 풀어낼 때부터 책쓰기를 할 수 있는 근육이 생겨났다. 무작정 글을 많이 쓸 때보다 저자가 되어 노트를 주도적으로 적는다는 마음을 가질 때부터 변화가 생겼다.

노트 기록 자체로도 글쓰기가 책쓰기로 연결될 수 있도록 활용해보자.

다양한 패턴으로 기록하기

책 표지만 보고 써봤나요?

"책을 읽지 않고 노트 기록을 해본 적 있나요?"

"아니요."

내 질문에 어이없다는 표정이다. 책을 읽어야 노트를 쓸 수 있으니 당연한 반응이다. 두 번째 책을 출간하고 책쓰기 강의를 하면서 본문을 보지 않고 주제를 날것으로 생각하는 연습 방법으로 사용했다. 노트 작성은 간단하다. 책 앞표지의 글을 노트에 옮겨 적는다. 책 표지에는 제목과 부제, 핵심 내용이 대부분 적혀있다. 책 표지에 있는 최소한의 문장을 가지고 책의 주제가 무엇인지 찾아본다. 일단 번호를 부여하고 검색 키워드로 '번호'

'책 제목' '저자'를 적는다.

예를 들어 도로시아 브랜디의 《작가 수업》이란 책을 읽지도 않고서 겉표지만 보고 노트를 작성했다.

- 제목 : 《작가 수업》
- 부제 : 글 잘 쓰는 독창적인 작가가 되는 법.
- 핵심문장이나 내용 : 대부분의 작가에게 '기교'에 관한 다른 책은 필요치 않다는 사실을 알았다. 작가의 근본 문제는 심리적 문제임을 깨달은 것이다. 그래서 펴낸 책이 바로 《작가 수업》이다.

책표지에 나온 정보만 보고 '이 책의 주제가 무엇일까?' 하고 미리 생각해보는 것이다. 저자는 《작가 수업》이라는 제목을 가지고 '글 잘 쓰는 독창적 작가가 되는 법'이라고 표현했다. 작가는 글쓰기의 기교보다 심리적인 문제가 더 중요하다고 말한다. 그렇다면 기교보다 독창적인 글쓰기가 더 중요하단 말인가? 자신의 경험을 쓰는 것이 가장 독창적인 작가가 되는 길이다. 자신만이 경험한 것이기에 세상 어떤 글과도 다르다. 핵심은 자신만의 경험을 꾸며 쓰지 않고 가감 없이 보여주는 것이다. 결국 독창적인 작가가 되는 법은 경험을 용감하게 쓰는 것이다.

여기까지 생각해보고 저자가 말하려는 주제가 무엇인지 답을 미리 찾아보았다. '경험을 용감하게 드러내라.' 앞표지를 보고 내가 생각해본 주제다. 《작가 수업》을 읽은 후 생각한 주제가 표지만 보고 떠올린 주제와 달라도 상관없다. 작가처럼 주제 만들기를 연습해보는 것이 중요하기 때문이다. 노트를 정해진 형식에 따라 작성하기보다는 스스로 변형하며 만들어가면 적용하는 범위가 넓어진다. 자신만의 창의적 접근이 더 중요하다. 거기에 다양한 패턴을 만들어 보면 좋다. 책을 읽지 않고도 노트 작성을 할 수 있다는 창의적 접근이 중요하지 '맞다, 틀리다'의 흑백논리에 빠질 필요가 없다.

두꺼운 책을 독서노트에 작성하려면

사람 심리가 이상하다. 아무리 재미있고 쉬운 책이라고 해도 분량이 300페이지를 넘어가면 책을 펼치기도 전에 기가 질린다. 읽기도 벅차서 노트 작성까지 할 엄두가 나지 않으니 꾸역꾸역 읽고 기록은 슬그머니 생략한 경우가 많다. 대부분 거창하게 적으려다 흐지부지 끝났다. 소설은 그나마 감상이라도 적으련만 두꺼운 철학서라면 뒷목덜미를 잡고 쓰러지게 된다.

리링의 《논어, 세 번 찢다》 역시 철학서에다 분량이 500페이지다. 그런데 〈논어〉를 읽는 것보다 더 재미있었다. 저자는 논어를 세 관점에서 해석했다고 한다. "첫 편에서는 인물을 논하면서 종으로 읽고, 둘째 편에서는 사상을 논하면서 횡으로 읽었다. 그리고 마지막으로 성전(聖傳)으로서 해체했다." 성인의 이미지를 벗겨야 진짜 공자가 보인다는 저자의 시선이 독특하고 신선했다. 문제는 2주에 걸쳐 다 읽었는데, 막상 노트에 기록할 엄두가 나지 않았다. 며칠을 미루다 마지못해 초서만 했다.

코끼리를 냉장고에 넣는 간단한 방법을 듣고 웃은 적이 있다. 냉장고 문을 연다. 어떡하든 코끼리를 집어넣고 문을 닫는다. 두꺼운 책의 노트 작성에 대입해보면 '노트를 펼치고 어떡하든 기록하며 마무리한다.' 현실감이 없어서 피식 웃음이 나온다. 그러다가 코끼리를 잡아먹는 방법에서 힌트를 얻었다. '한 번에 한 입씩 먹는다.' 노트 작성에 대입해보면 '나눠서 작성한다.' 리링의 책이 공자에 대해 '인물' '사상' 성전' 세 관점으로 접근했으니 노트를 나눠서 정리해도 된다. 두꺼운 책이나 사색이 많이 필요한 책을 기록할 때는 굳이 한 번에 정리할 필요 없다. 적당히 나눠서 정리해도 괜찮다.

한 권의 책을 44개로 나눠 읽고 적다

두꺼운 책만 나눠 작성하는 것은 아니다. 《일기일회》는 법정 스님의 법문집이다. 서문까지 합해 44개의 꼭지로 구성된 책이다. 한 번에 완독하지 않고 커피를 마시면서 읽거나 잠들기 전에 읽는 등 시간 날 때마다 읽었다. 다른 책을 읽다가 지겨울 때 틈틈이 보기도 했다. 노트 기록도 한 꼭지마다 초서와 감상을 적었다. 한 꼭지 노트 작성을 하는 데 대략 15분 걸렸다. 읽고 쓰기에 부담이 없었다. 억지로 완독하는 독서와 노트 작성이 아니라 법정 스님의 법문을 한 번 듣고, 좋은 말씀을 적는다는 생각뿐이었다. 44개의 노트 작성을 다 완성한 상태도 아니다. 현재 열 개 정도 기록했다. 그 중 한 꼭지 "승복 입은 도둑들(2007년 10월 21일 가을 정기법회)"에 대해 쓴 노트 기록을 인용해본다.

> "아름다운 얼굴이 추천장이라면 아름다운 마음씨는 신용장이다"라는 말이 있습니다. 의미심장한 말입니다. 겉으로 드러나는 얼굴에, 맹목적인 유행에 속지 말라는 소리입니다. 추천장은 믿을 것이 못 됩니다. 신용장인 마음씨가 고와야 합니다.[39]

마음을 흔든 문장을 초서하고 감상을 덧붙였다.

아름다움은 무엇일까? 쉽게 답할 수 없다. 자신의 선입견에서 벗어나서 보려고 할 때 아름다움은 더 잘 볼 수 있는 게 아닐까? 법정은 자신이 지닌 아름다움을 가꾸어야 한다고 말한다. 우리는 첫인상으로 그 사람에 관해 많은 것을 판단한다. 하지만 만남을 지속하면서 그의 마음을 들여다보며 그 사람이 어떤지 알게 된다. 아름다움은 저절로 생겨나는 것이 아니라 가꾸는 데서 나온다. 스스로 마음을 깨끗이 가꾸는 만큼 자신이 아름다워질 수 있다.

휴식시간에 한 꼭지를 읽고 가벼운 초서와 감상을 적어보니 여유가 있어서 좋았다. 책은 목차의 제목 여러 개의 합으로 이루어져 있다. 그러니 적당히 나눠서 읽고, 노트를 기록해도 된다. 조정래 작가의 대하소설 《태백산맥》을 기록한 노트를 검색해보았다. 11개의 노트 기록이 보인다. 10권을 하나씩 읽으며 노트를 작성했고, 나머지 하나는 전체 감상을 적어놓았다.

노트는 다양한 패턴으로 기록할 수 있다. 특히 분량이 많거나, 소화하기 벅찬 내용은 나눠서 작성하면 편하다. 누군가 제시한 일정한 형식에 무조건 맞추려 하지 말고 자신만의 창의적 패턴을 만들어 가는 것이 좋다. 또 하나, 완벽을 추구하지 말아야 한다. 한 개의 노트를 완성하는 데 만족해야 한다. 꾸준히 작성하는 것이 배움의 과정이고 완성도를 높이는 방법이다.

4

새로운 시선을 발견하다

내 일상을 건드린 최고의 노트 기록.
이 장에서는 먼저 노트 기록을 다시 읽으며 사유한 것과 편집을 통한 새로운 시선을 발견한 내용을 옮겨본다. 특히, 내 일상을 건드렸던 기록을 옮겨본다. 손끝으로 노트에 문장과 사색을 적어나가며 변화가 생겼다. 그 중 특별한 것은 시선의 변화다. '거인의 어깨에 올라서서 세상을 보라.' 어디선가 들어본 말이다. 맞다. 독서는 내 좁은 시선을 거인의 어깨를 빌려 더 넓히는 행위다. 그것을 더 구체화하고 내 일상에 끌어들이기 위해 노트를 쓰는 것 아닌가. 노트에 기록한 문장과 생각, 사색의 덩어리를 다시 만지며 되새겨본다.
노트 작성한 것이 내 일상을 흔들 때 살아있는 에너지가 된다.
"청혼하고 있는 중요한 순간에 성가신 이웃이 찾아와 훼방을 놓더라도, 그는 이 정도의 재난은 아담 말고는 모든 인류가 겪어온 것이니 자신이라고 문제가 없겠느냐고 생각한다."
버트런드 러셀의 《행복의 정복》에 나오는 문장이다. 의식이 높은 사람이 가질 수 있는 생각이다. 나도 저런 생각을 할 수 있을까.

한 명의 작가를 만나다.
책에는 작가의 영혼이 담겨있다. 한 작가의 책을 차곡차곡 열어보는 것은 그의 삶으로 들어가는 행위일지도 모른다.
끌리는 책을 통해 작가 한 사람을 알아가는 데는 묘한 매력이 있다.

심리학책 30권을 봐도 몰랐던 '기다림'

"선풍기 전원을 끄더라도 선풍기는 한참 더 돌다가 멈춘다. 화도 마찬가지다." 93번째로 기록한 노트에 쓴 문장으로 틱낫한의 《화》에 나오는 말이다. 아무리 성인군자라고 해도 마음에서 욱하고 화가 치밀어 오르는 순간은 참을 수 없다. 살면서 아무리 화를 내려 하지 않아도 불쑥 일어나는 화.

화를 달래는 유일한 방법은 '잠깐의 기다림'이라고 틱낫한 스님은 말한다. 나도 일상에서 화가 가라앉기를 기다린 순간이 있었다. 지금 다니는 직장은 유통 관련 기업이라 화물차가 자주 오간다. 어느 날 판매처의 제품을 싣고 온 화물차 기사와 말다툼을 벌일 뻔했다. 운전기사가 다짜고짜 다른 곳에 빨리 가야 하니, 물건을 빨리 내려달라며 짜증을 부렸다. 그날은 혼자 있어서 부지런히 내려도 30분 이상은 걸릴 참이었다. 화를 내야 할 사람은 오히려 나였다. 판매처 직원이 직접 납품해줘야 하는데 바쁘다며 다른 화물차 편으로 보낸 것이다. 그런 사정을 모르는지 운전기사는 황당하게도 얼마간의 돈을 주면 물건 내리는 일을 도와주겠다며 불난 집에 부채질을 했다. 순간 내 귀를 의심했다. 빨리 내려달라는 말에 이미 기분이 상했는데, 돈까지 요구하니 화가 머리끝까지 났다. '이봐요. 싣고 온 물건 필요 없으니 돌아가세요'라는 말이 목구멍까지 올라왔지만 참았다. 그때 노트에 적은 문장이 머리에 스치듯 떠올랐다.

선풍기 전원을 끄더라도 선풍기는 한참 더 돌다가 멈춘다. 화도 마찬가지다.

커피 한 잔의 기다림

마음을 다스리기 위해 내가 한 유일한 행동은 잠깐 기다리기였다. 사무실로 돌아와 커피믹스를 머그잔에 탔다. 커피를 마시는 동안 화가 가라앉지 않는다면 거래처 담당자에게 전화해서 돌려보낼 생각이었다. 5분도 걸리지 않아 머리끝까지 올랐던 화가 차츰 가라앉았다. 돌려보내면 속은 시원하겠지만 상대 처지에서 생각해보니 운송비를 못 받으면 하루벌이가 없어진다. 그래도 괘씸한데 돌려보낼까? 두 가지 생각이 교차하며 머릿속이 복잡했다. 머그잔에 든 커피를 반쯤 마셨는데 화가 조금 가라앉았다. 사무실로 돌아오기 전만 해도 돌려보내겠다는 생각뿐이었다. 그러다 화가 수그러들면서 별일도 아닌데 내가 흥분할 게 없다는 생각이 들었다. 도와줄 테니 돈을 달라는 말은 괘씸했지만 운전기사 입장에서는 바빠서 재촉할 수도 있겠다 싶은 것이다.

차분한 목소리로 기사에게 물어보았다. "도움은 필요 없고 혼자 내려도 되니 기다리겠습니까?" 이것마저 거부하면 돌려보낼 생각이었다. 그의 태도에 달렸다. 마침 거래처 담당자가 운전기사에게 물건을 내려주지 않으면 운송비를 못 주겠다고 전화를 했다. 기사는 슬그머니 운전석으로 가버린다. 도와주지 않아서 얄미웠지만 미운 사람 떡 하나 더 준다고, 물건을 다 내리자 떠나는 기사에게 말했다. "오늘 좋은 일 많이 생기세요." 잠깐 참고 나니 화가 났던 일도 별것 아니었다는 생각에 미소까지 지어졌다. 화를 어떻게 대해야 하는지 노트를 보며 사색해본 한 문장이 내 일상에 힘이 되는 경험을 했다. 멋쩍은 표정으로 돌아가는 기사를 웃는 낯으로 보낼 수 있다니, 오히려 나 자신에게 더 놀랐다. 불쑥불쑥 제어할 수 없던 화. 잠깐의 기다림이 많은 문제를 해결해준다. 그동안 수많은 심리학책을 읽었어도 몰랐던 기다림의 힘을 경험했다.

여름휴가 때 고속도로에서 옆 차가 갑자기 끼어드는 바람에 깜짝 놀라서 화를 내려는 순간 조수석에 앉은 아내가 한마디 한다. "저 차 운전자가 똥마려운가 봐요." 피식 웃음이 났다. 어이없는 한마디에 화가 가라앉았다. 아내는 가깝게 지내는 할머니에게 들은 말이라며 함께 사는 할아버지께서 성격이 급해 운전할 때도 화를 잘 내신다고 한다. 그럴 때마다 옆자리에서 할머니가 "운전자가 똥마려운가 봐요"라고 농담을 하면 할아버지는 화를 내려다가도 웃음으로 넘기신다는 것이다. 아내가 한 말에 어이없어 피식 웃으며 짧은 시간이 흐르자 화를 내기보다 웃게 된다. 그렇다! 화를 가라앉혀준 것은 잠깐의 기다림이었다.

노트를 다시 읽으며 눈에 들어온 문장들. 이것이 일상생활에 이렇게 영향을 미칠 줄은 몰랐다. 책을 눈으로 읽을 때는 관념적으로만 이해했는데 손끝으로 문장을 꾹꾹 눌러 적는 것만으로도 나에게 많은 변화가 나타났다.

나무에겐
나무의
언어가 있다

고규홍의 《슈베르트와 나무》를 읽기 전에는 나무를 눈으로만 보는 줄 알았다. 이 책의 서문에는 맹학교 선생님과 아이들이 일출 보는 장면을 라디오에서 듣고 감동하는 대목이 있다. 저자는 그 계기로 눈으로만 보던 나무의 세계를 다른 시선으로도 보려고 한다. 나는 저자의 시선을 통해 나무가 살아있는 생명체임을 느끼고 교감할 수 있었다. 그 진동은 나무 에세이 책까지 쓰는 계기가 되었다. 노트에 저자가 쓴 '여는 글'을 통째로 초서했다. 다시 읽어도 저자와 공유한 진동이 여전히 느껴진다. 다소 긴 글이라 일출을 보는 대목만 인용해본다.

어느 봄날이었다. 아마도 경주 어디쯤이었을 듯하다. 아무렇게나 맞춰진 주파수의 라디오에서 청취자의 사연이 흘러나왔다.
어린아이들과 함께 석굴암으로 수학여행을 다녀온 참이었다고 시작한 어느 맹학교 선생님의 사연이다. (중략)
“바다를 걷어차고 튀어 오른 태양이 온 세상을 붉게 물들이고 있어요. 여러분, 저 태양의 따뜻한 기운이 느껴지지 않나요? 우리가 앉아 있는 석굴암 안쪽에는 부처님이 계시거든요. 동해의 붉은 햇빛이 그 부처님의 얼굴을 환하게 비추네요. 아! 그리고, 그리고 말이에요. 그 맑고 환한 햇빛을 받은 부처님이 환하게 미소 지으시네요.”
선생님의 풍경화에 귀를 쫑긋하고 집중한 아이들의 표정이 밝아졌다. 그때 선생님이 아이들에게 큰 소리로 질문을 던졌다.
“여러분, 부처님의 저 환한 미소가 보이나요?”
선생님은 분명히 앞 못 보는 어린아이들을 향해 “보이냐?”고 물었다. (중략)
석굴암 앞에 나란히 앉은 시각장애인 아이들은 초점 없는 눈동자를 선생님의 목소리에 집중하고는 일제히 대답했다. “네!” (중략)
꿈이 생겼다. 나무를 보는 나의 방식과는 전혀 다르게 나무를 느끼는 사람을 만나고 싶었다. 단도직입해 나도 맹학교 선생님처럼 시각 경험을 가지지 않은 누군가에게 나무를 그려서 보여주고 싶었다. 더불어 그가 만난 나무는 어떤 모양, 어떤 빛깔일지 듣고도 싶

었다. 눈으로 본 나무와 눈으로 보지 않은 나무는 서로 어떻게 다르지도 알고 싶었다.[40]

'눈으로 본 나무와 눈으로 보지 않은 나무.' 급한 마음에 부지런히 나무를 보려던 저자가 더 큰 시선을 만나는 순간이다. 그 후 세상을 자신과 다른 방식으로 바라보는 시각장애인 피아니스트 김예지 씨와 함께 나무를 만나러 간 내용이 《슈베르트와 나무》에 담겨있다.

"세상에 나이가 들면서 점점 아름다워지는 것은 나무밖에 없다"라고 표현한 저자는 나에게 나무가 생명체임을 깨우쳐 주었다. 우리가 사는 공간에는 수많은 나무가 있다. 나무가 살아갈 수 없는 환경은 인간도 살 수 없다. 《고규홍의 한국의 나무 특강》을 읽으며 주변의 나무가 점점 눈에 더 많이 들어왔다. 그 이듬해 봄부터 그가 느껴본 세상을 알고 싶어 나무 품에 다가갔다. 그러다 무언가에 이끌리듯 《슈베르트와 나무》에서 그가 김예지 씨와 함께 만난 괴산의 오가리 느티나무를 보러 갔다.

나무와 마주한 순간, 아! 나도 모르게 감탄사가 터져 나왔다. 함께 간 아내도 넋을 잃고 바라보기는 마찬가지였다. 나무를 보며 멈춰선 몇 분 동안 예전에 한 번도 느껴보지 못한 감정이 올라왔다. 오가리 느티나무는 천연기념물로 800년 세월을 이곳에 자리하며 사람들과 함께 살아가고 있다. 가늠할 수 없는 크기. 나무가 두 팔을 펼쳐 내어준 그늘은 수백 명이 넉넉히 앉아 쉬어도 충분한 공간이다. 나무가 굵어 안아본다는 것도 부질없다. 나무 품에 들어가 올려다본 하늘. 덩치에 비해 앙증맞게 작은 나뭇잎 사이를 비집고 햇살이 샤워기 물처럼 떨어진다. 눈이 부시지 않다. 동네잔치라도 열린 듯 제각기 지저귀는 새들. 도대체 몇 마리인가. 엄청난 숫자의 새 소리가 귀를 울린다. 나무 옆 작은 돌담에 앉았다. 오가리 느티나무와 함께하는 이 공간. 생명체와 공존함을 느낀다. 살아있구나! 바람이 스치고 지나가자 나뭇잎이 흔들린다. 저 거대한 몸을 지탱하는 뿌리는 내 상상을 벗어난 크기로 뻗어 있겠지. 800년간 사람들의 수많은 사연을 들어줬겠지. 이제까지 그렇게 본 적이 없는데 나무가 생명체로 보였다.

그 이후로 궁금증은 더 늘었다. 고규홍 저자가 나무를 찾아다니는 이유는 무엇일까? 그는 책에서 말한다.

> 나무가 늙으면서 아름다운 건 세월의 풍파를 고스란히 이겨낸 뒤에 얻어낸 초월과 해탈 때문이 아닐까 싶어요. 나무처럼 아름답게 늙고 싶다면, 나무처럼 살아야 하는 게 아닐까 싶거든요. 나무처럼

> 살고 싶지는 않으면서 나무처럼 아름답게 늙고 싶다는 건 실현 불가능한 욕심이겠지요.[41]

저자는 감나무처럼 살고 싶다고 말한다. 시골집 근처에서 쉽게 볼 수 있는, 특별할 것 없이 평범한 감나무처럼. 나무를 좋아하다가 나무가 자기 삶의 한 부분이 되어버린 사람이구나. 그가 가진 시선으로 나무를 만나보고 싶은 욕망이 나에게도 자라났다.

나무에게서 삶의 태도를 배우다

나무와 관련된 책을 노트에 기록하다 보니, 언제부터인가 집 주변에 보호수를 찾아다니는 버릇이 생겼다. 집에서 5분, 10분만 걸어도 보호수가 나온다. 차로 30분 거리의 지역에 보호수가 오십 그루도 넘게 있다. 주말 두세 시간 아내와 아이들과 그 품에 들어가 놀다 올 때가 많아졌다. 가만히 앉아 있거나 아이들과 배드민턴을 치고, 가끔 두런두런 이야기도 나눈다. 핸드폰으로 나무 사진도 담는다.

그렇게 나무를 만나면서 방향에 따라 생김새가 다르다는 걸 알았다. 나무에도 얼굴이 있다. 한 바퀴 빙글빙글 돌아보며 쳐다보면 그 나무의 특징이 잘 나타나는 곳이 보인다. 그곳에 서면 나무와 대화가 시작된다. 유심히 관찰하거나 상상의 날개를 펼치기도 한다. 나무에 불쑥 질문하기도 한다. 이런저런 이야기를 나눈다. 관심을 가질수록 나무와 더 깊이 소통하게 된다. 모르던 사실을 하나씩 알아가는 재미. 나무의 품에서 노트북을 열어 글을 쓰거나, 귀찮을 때는 메모지에 글을 쓰기 시작했다. 처음에는 나무에 관한 감상을 적었다. 나무에게도 언어가 있을까? 분명 있을 것이다. 인간만이 언어를 가졌다고 착각하며 살아왔다는 생각이 들었다. 인간에겐 인간의 언어가 있고, 나무에겐 나무의 언어가 있겠구나! 다만 그것을 내가 못 들을 뿐이었다. 하지만 관심을 가지고, 관찰하고, 질문하고, 상상하고, 글쓰기로 다가가 보니 나무와 소통이 더 잘 되었다. 나무를 생명체로 대하면서 각자 생김새가 다른 나무들을 만났다.

나무를 알아가면서 강판권 교수의 책도 노트에 많이 기록했다. 저자는 나무를 만나고 삶이 바뀌었다. 그는《자신만의 하늘을 가져라》에서 "콤플렉스는 사라지는 것이 아니라 벗어나는 것"이라고 말한다.

> 식물학자는 왜 하필 나무 이름에 '쥐똥'을 붙였을까 생각하면서 불평했죠. 그런데 시간이 지나면서 곰곰이 생각해보니 쥐똥나무를 사

랑한 식물학자의 마음이 보였습니다. 옛날 조상들은 귀한 존재가 오래 살길 바라는 마음으로 아주 흔한 이름을 붙였습니다. 귀한 자식에게 '개똥이'라는 이름을 불렀던 것도 그런 이유였죠. 생각이 여기에 미치자 쥐똥나무가 무척 정겨운 이름으로 다가왔습니다. 그래서 쥐똥나무를 선택했습니다.[42]

저자는 쥐똥나무를 닮고 싶어 한다. 나는 느티나무가 되고 싶다. 시골 마을 입구에서 마을을 지켜주는 큰 나무 중 하나가 느티나무다. 크게 자라고, 병충해에 견디는 힘도 강하다. 덩치와 달리 앙증맞은 잎을 달고 있다. 큰 나무의 잎이 5만 개 정도라니 놀랍다. 넓은 품을 가진 느티나무. 그늘을 넉넉하게 만드는 모습을 닮고 싶다.

노트에서 나무와 관련된 내용을 찾아보면 두 사람의 책이 대부분을 차지한다. 강판권은 〈사람이 꽃보다 아름다워〉라는 노래에 딴죽을 건다. 생명이 있는 것은 그 무엇과도 비교할 수 없기 때문이다. 어째서 사람이 꽃보다 아름답다는 말인가. 사람과 꽃은 비교할 수 없는 것이 아님을 우리는 모르며 살아가고 있는지 생각해봐야 한다.

1년 동안 가족과 함께 나무를 구경하러 다녔다. 천안 아산 주변의 보호수 90% 이상이 느티나무다. 초등학생인 막내조차 느티나무만큼은 구분할 줄 안다. 한동안 나무 구경에 따라나선 막내가 나무에 가까이 다가가지 않았는데도 심드렁하게 말했다. "또 느티나무네." 나 또한 느티나무만 많이 보니 다른 수종의 나무보다 관심이 떨어졌다. 그러나 나무가 어느 순간부터 생명체로 느껴지면서 보는 시선이 달라졌다. '생명은 비교할 수 없다'라는 말처럼 느티나무마다 다 달라 보이는 것이다. 세상에 똑같이 생긴 사람이 없듯이 느티나무 역시 개성이 다 다른 고유한 하나의 나무로 보였다. 막내에게는 설명하기 어려웠지만 말이다.

나무와 관련해 노트에 적은 문장들. 특히 고규홍과 강판권의 책을 통해 나무와 교감하고 소통하는 방법을 배웠다. 덕분에 《나무와 말하다》라는 나무 에세이 책을 쓰기도 했다.

태풍이 불 때 잣나무가 흔들리는 모습을 본 적이 있다. 흔들리는 정도가 아니라 술 취한 사람이 휘청거리는 듯했다. 나무를 안아보았다. 귀를 나무줄기에 밀착시켰다. 미세하게 삐걱대는 소리와 함께 눈에 보이지 않는 세계에서 나무는 태풍과 사투를 벌이고 있었다. 나무는 나에게 자신을 지켜내기 위해 최선을 다한다고 들려주는 듯했다. '내가 서 있는 자리에서 온 힘을 다해 내 삶을 대하고 있는가?' 나는 삶을 대하는 태도를 나무에게서 배운다.

이 지독한 진실만이
나를
자유롭게 했다

랜디 포시, 제프리 재슬로의 《마지막 강의》에 나오는 문장을 나는 몇 번을 반복해서 읽고, 읽은 만큼 초서도 했다.

> "물어보니 하는 말입니다만, 나는 불치의 암을 앓고 있어요. 이제 몇 달 정도 남았고요. 그래서 아내의 가족과 가까운 곳으로 옮기려고 이리 이사했어요.
> 그 경찰관은 고개를 갸웃하더니 눈을 가늘게 뜨고 나를 바라보았다. "그러니까, 암 환자라는 말씀이군요." 그는 덤덤하게 말했다. 그는 내 말이 진실인지 살피는 듯했다. 정말 죽어가는 사람일까? 거짓말인가? 그는 한참동안 나를 보았다. "살날이 몇 달밖에 남지 않은 사람치고는, 아주 좋아 보이네요."

그가 생각을 하고 있는 것이 눈에 보였다. '이 사람이 지금 나한테 허무맹랑한 거짓말을 하고 있거나, 아니면 진실을 말했거나 둘 중의 하나일 텐데 알 방법이 없군.' 거의 불가능한 일을 하려고 하니 그도 나를 상대하기가 쉽지 않을 터였다. 그는 나를 앞에 두고 거짓말쟁이라고 부르지는 않았지만 나의 정직함을 의심하고 있다. 그는 내게 그 말이 사실인지 증명하라고 말하고 싶은 듯했다. 그런데 그걸 어떻게 하지?

"나도 내가 꽤 건강해 보인다는 걸 알아요. 정말 아이러니하죠. 외관상으로 좋아 보이지만 종양들은 안에 있는 걸요." 그리곤 에라 모르겠다 싶어 그냥 저질러버렸다. 나는 셔츠를 올려 수술 흉터를 보여주었다.

경찰관은 내 흉터를 보았다. 그리고 내 눈을 보았다. 얼굴에 다 쓰여 있었다. 그는 이제야 자신이 지금 죽어가는 남자와 이야기하고 있다는 것을 깨닫는 중이었다. 만에 하나, 내가 그가 본 중에서 가장 뻔뻔스러운 사기꾼이었더라도 더 이상 일을 크게 만들고 싶지는 않았을 것이다. 그는 내게 면허증을 돌려주었다. '부탁합니다.' 그가 말했다. '이제부턴 속력을 낮추세요.'

이 지독한 진실이 나를 자유롭게 만들었다.[43]

명언도 아니고, 화려한 문장도 아닌데 노트에 적을 때마다 '진실'이란 두 글자가 비수처럼 내 마음에 파고든다. 췌장암에 걸려 시한부로 살아가는 랜디 포시가 53번의 자전거를 타며 들려준 이야기를 제프리 재슬로가 쓴 책이다. 랜디 포시는 책에서 죽음이 아니라 남은 삶에 관해 이야기한다. 노트를 검색해보니 이 문장을 4번이나 초서한 기록이 있다(노트에 초서한 문장을 보고 가끔 다시 적어보기도 한다).

'이 지독한 진실이 나를 자유롭게 만들었다.' 그가 교통 단속 경찰관에게 수술한 흉터를 보여주며 한 생각. 누구나 죽음을 맞이한다. 다만 죽음이 손에 잡힐 듯 가까이 다가와 있다면 삶의 무게는 다를 것이다. 이 책을 읽을 때면 머릿속을 떠나지 않고 나오는 질문이 있다. '과연 삶을 가볍게 해주는 것은 무엇일까?' 《마지막 강의》를 읽을 때마다 늘 반복되는 질문이다. 노트에 한 마디로 압축한 내용은 이렇다.

'진실만이 삶을 가볍게 한다.'

앞으로 살 시간이 단 하루 남았다면 나는 그날을 어떻게 보낼 것인가? 스스로 질문하고 답을 해본다. 먼저 아내에게 사랑한다고 말할 것이다. 아이들을 한 명씩 꼭 안아 줄 것이다. 해 질 녘 노을을 지그시 바라볼 것이다. 마지막으로 신에게 간절한 기도를 올릴 것이다. 그러나 정말 그렇게 하고 싶은지 솔직히 잘 모르겠다. 여러 생각이 떠오른다. 죽음 앞에 선 사람 대부분은 말하기보다 손을 잡는다고 한다. 삶과 죽음의 경계에 서 있는데 무슨 말이 필요하겠는가. 잡은 손 안에 모든 말이 담겨 있을 것이다. 삶을 잘 마무리하는 일이 중요하다. 더불어 지금 숨 쉬는, 남은 삶. 과연 우리의 삶을 자유롭게 하는 것은 무엇일까? '이 지독한 진실이 나를 자유롭게 만들었다.' 랜디 포시의 이 한마디를 내 삶에 어떻게 대입해야 할지 읽을 때마다 되새겨본다.

랜디 포시는 그의 아버지에게 들은 말을 통해 진실을 설명한다.

> 만약 조언을 하려는데 나에게 오직 세 단어만 허용된다면 단연 '진실만을 말하라(Tell the Truth)'를 택할 것이다. 그리고 세 단어가 허용된다면 나는 거기에 '언제나(All the Time)'를 더 하겠다. 부모님은 나에게 '말은 곧 네 자신이다'라고 가르쳤는데 '진실만을 말하라, 언제나'에 대해 이보다 더 나은 설명은 없다.
>
> 정직함은 도덕적으로만 옳은 것이 아니라 효율적이기도 한 것이다. 모두들 진실을 말하는 세상에 산다면 재확인하느라 허비하는 많은 시간을 줄일 수 있다.[44]

불완전한 인간이기에 '진실함이 삶을 가볍게 할 수 있다'라는 말을 현실에 적용하기가 쉽지 않다. 그러나 결국은 자신과 남에게 진실하고자 노력하는 삶이어야 한다. 살 날이 단 하루 주어진다 해도 마찬가지다. 자신과 타인에게 진실하게 살아가려 할 때, 죽음으로 매일 한 걸음씩 다가서는 삶의 무게가 조금은 가벼워지지 않을까? 어렵더라도 그렇게 순간순간 노력할 때 자유로워질 수 있지 않을까? '이 지독한 진실이 나를 자유롭게 만들었다'라는 랜디 포시의 말처럼.

자기계발에 대한 서로 다른 시선

1. 그대의 20대가 10대 시절 원했던 바로 그 삶이 아니라면 운명이나 환경 탓하기에 앞서 그대의 혀를 탓해야 한다.[45]

2. 인간이라면 누구나 누려야 할 기본적 행복이 아무나 가질 수 없는 행복이 된 기이한 사회에서, 어쩌다 성공한 하나의 사례를 마치 누구나 달성할 수 있는 자기계발의 목적지인 양 일반화시켜 개인을 압박한다면? 어디에도 자신이 겪는 고통을 하소연할 수 없는 대다수의 청춘들은 일그러지고 말 뿐이다.
문제는 자기계발과 성공의 간격이 이처럼 멀리 떨어져 있음에도 불구하고 '그럼에도', 아니 '그렇기에' 강조되는 것은 늘 자기계발이라는 점이다. 즉, 문제의 극복이 가능하다는 자기계발의 논리가

사실은 평생 '극복만 주문'받는 개인을 만들어버린다.[46]

어느 말이 옳을까? 두 권의 책을 읽고 혼란스러웠다. 오찬호는 《우리는 차별에 찬성합니다》에서 이지성의 《20대, 자기계발에 미쳐라》에 나온 말을 날선 시선으로 바라봤다. 오찬호 저자는 젊은이들이 자기계발의 성과에 매몰되지 않기를 말한다.

이지성 저자의 《꿈꾸는 다락방》에는 '생생하게 꿈꾸면 이루어진다'는 말이 나온다. 20대의 젊은이들에게 달콤하게 들리는 이 말은 여러 가지로 해석할 수 있다. 문장 그대로 보면 '꿈꾸는 것을 향해 이루어질 때까지 도전하라'라고 해석할 수 있다. 그러나 냉정히 보면 경쟁이 심한 현실에서 꿈을 이루는 사람은 소수다. 직장 구하기가 하늘에서 별 따기가 되어버린 젊은 세대. 공무원 시험을 준비하는 사람도 많다. 한 발짝 떨어져 보면 합격하는 인원은 한정되어 있다. 2017년 9급 일반 행정직 경쟁률이 128대 1이라는 통계에 놀란 적이 있다. 여기에 '생생하게 꿈꾸면 이루어진다'를 잘못 대입하면 고통만 남는다. 포기하지 않고 더 미친듯이 공부하고 꿈이 이루어질 때까지 노력했다고 치자. 그래도 실패하면? 그 결과는 누가 책임져야 하는가? 당연히 개인이 짊어져야 할 문제라고 결론이 난다. 오찬호 저자의 생각은 다르다.

모두가 이 자기계발의 수행에 동참하면 그 어마어마한 참여자들 덕택에 성공하는 '하나의' 사례는 또 발견될 것이고, 이는 '가능성'의 객관적 증거로 활용될 것이다. 그리고 이렇게 희박한 성공의 가능성이 표면화될 때, 목표에 도달하지 못한 수천수만의 사례는 '노력 부족'이라는 말로 간단하게 정리 처분된다. 이렇게 좌절하는 자아가 많아질수록 자기계발서 시장은 더 커진다는 건 두말하면 잔소리. 노골적으로 말해, 자기계발서를 읽었다는 건 '낚였다!'의 다른 말인 것이다.[47]

사람마다 각자의 능력은 다르다. 좋은 대학에 가고 대기업에 취직하기. 이 틀 안에서는 '경쟁'에서 살아남지 않으면 답이 없다. 이런 경쟁을 자기계발서가 부채질한다는 게 오찬호 저자의 주장이다. 그는 《20대, 자기계발에 미쳐라》에 나온 문장을 인용하며 다시 설명한다.

다소 극단적인 예이긴 하지만, 현실에서 횡행하는 자기계발 논리의 일단을 한번 보시라. 베스트셀러라는 《20대, 자기계발에 미쳐라》를 보면 이십대는 무능력하기에 자기계발에 미쳐야 하며, 그러기 위해서는 사고방식의 변화가 중요한데 그중 하나가 바로 긍정적인 말에 미치는 것임을 강조한다. 그래서 "나는 할 수 있다" "나는 내 꿈을 이루어가고 있다" "나는 반드시 성공한다" 등의 말을 계속하면 성공을 불러들이고, "내가 과연 잘 해낼 수 있을까?" "이러다가 실패하면 어떡하지?" "힘들어" "짜증나" "죽겠어" 등의 부정적인 말을 하면 실패를 불러들인다고 강조한다. 그러면서 저자는 "그대의 20대가 10대 시절 원했던 바로 그 삶이 아니라면 운명이나 환경 탓하기에 앞서 그대의 혀를 탓해야 한다"며 '실패란 없다'는 사고방식에 미치길 강요하다시피 한다. (중략)
사람이 실패하는 데 있어서 '노력 부족'이란 개인적 변수가 결정적이라면, 왜 그런 부족 현상이 경제력 층위별로 정확하게 구별되어 나타나느냐 말이다.[48]

오찬호 저자는 '닥치고 자기계발' 담론을 적극적으로 확산시키는 사회 분위기도 한몫한다고 말한다. 그렇다면 《20대, 자기계발에 미쳐라》는 젊은이들에게 방향을 잘못 제시해준 책인가? 이 책은 자신의 능력을 뛰어넘는 능력을 개발하는 방법으로 '자기극복(계발)'을 이야기한다.

그대는 가난하다. (중략) 그대는 무능력하다. (중략) 내 말을 믿기지 않는다면 가까운 은행을 찾아가서 대출을 받아보라. 은행이 지급하는 대출금이 바로 이 사회가 매긴 그대의 몸값이다. 그대는 십중팔

> 구 대출을 받기는커녕 비웃음만 받을 것이다.[49]

사회의 냉혹함을 알아야 한다며 결국 노력으로 극복해야 한다고 주장하는 이지성 저자.

> 자기계발은 오직 피와 땀과 눈물로 이루어진다. (중략) 이러다가 내가 죽는 게 아닐까 하는 두려움이 엄습할 정도로 자기 자신을 단련시켜라.[50]

노력의 강도를 말한다. 무언가를 이루려면 간절함과 뼈를 깎는 노력이 바탕이 되어야 한다는 것이다. 표현이 좀 과격하지만, 자기계발 관점에서 특별히 문제될 건 없어 보인다. 그러나 《우리는 차별에 찬성합니다》의 시선으로 보면 틀린 말이 된다. 무언가를 위해 노력하는 것은 당연하지만 사회구조가 경쟁에서 이긴 사람만 인정하고 실패를 개인의 노력으로만 몰아가면 위의 문장은 무서운 말이 된다. 만약 최선을 다해 노력했는데도 성공하지 못했다면 그다음은? 그래도 죽도록 노력하고 될 때까지 해야 하는가? 두 책이 바라보는 시선이 다르기 때문에 이 문제에서 충돌할 수밖에 없다. 두 사람이 서로 다른 주장을 하는 데는 각자 이유가 있다. 그러나 《우리는 차별에 찬성합니다》에서 말한 것처럼 모든 책임을 개인 탓으로 돌리는 사회구조라면 한 번쯤 생각해봐야 한다. 성공의 문제를 개인의 책임으로만 전가한다면 결국 1%를 위해 99%가 실패를 맛보게 된다. 그리고 그 사회의 다수는 소수의 성공을 위해 맹목적인 자기극복에 매달려야 한다.

> 세상에는 'R=VD'라는 공식이 있다. '생생하게(vivid) 꿈을 꾸면(dream)이 이루어진다(realization)'는 뜻을 담고 있다. 큰 생각이 큰 성공을 가져다준다는 오늘의 메시지를 가장 적절하게 표현한 공식이라고 할 수 있겠다. 이 공식은 역으로도 적용된다. 아무것도 꿈꾸지 않으면 아무것도 이루어지지 않는다는 게 바로 역공식이다.[51]

'생생하게 꿈을 꾸면 이루어진다.' 성공한 많은 사람이 하는 말이다. 자신의 꿈을 이룬 것처럼 상상하면서 거기에 매달려 마침내 성공에 다가간 사람에게 당연한 말이다. 그러나 이 말도 《우리는 차별에 찬성합니다》의 관점에서는 고문처럼 들린다. 성공을 꿈이라는 단어로 바꾸면 어쩐지 괜찮아 보인다. 중요한 것은 두 책에 나오는 관점을 비교해보는 일이다. 반드시 현실사회의 바탕 위에서 비교해야 한다.

> 자신을 변화시키고 싶다면 무엇보다 먼저 말을 변화시켜야 한다. 그대의 20대가 10대 시절 원했던 바로 그 삶이 아니라면 운명이나 환경을 탓하기에 앞서 그대의 혀를 탓해야 한다.[52]

《20대, 자기계발에 미쳐라》에서는 변명을 찾기보다 그만큼 노력하는 쪽을 택하라는 말을 하고 싶었을 것이다. 그러나 20대는 과연 어떻게 받아들일까? 혹시 '될 때까지 변명하지 마라'라고 들리지 않을까 걱정스럽다. 습관을 들이고, 자신을 위해 노력하는 데 집중하라는 자기계발의 논리가 나쁘다는 게 아니다. 하지만 문제를 개인의 노력이 부족하다고만 맹신에 가깝게 몰아가면 성공한 극소수를 제외한 나머지 사람들이 패배자라는 틀에 갇힐 수도 있다.

> '지금부터!' 사고방식은 안주하고 싶고 쉬고 싶어 하는 인간의 본성을 가혹하게 채찍질한다. 이 사고방식은 인간으로 하여금 매순간 새로운 결단과 각오와 행동을 취할 것을 요구하기 때문이다. 이 사고방식을 네 글자로 바꾸면 '자기극복'이 된다.[53]

《20대, 자기계발에 미쳐라》에서 말하고 싶은 것은 '자기극복'이다. '변명하지 말고, 자신을 넘어서려는 노력이 성공과 꿈의

동력이다'라는 말을 하고 싶은 것이다. 《우리는 차별에 찬성합니다》에서는 불나방이란 표현을 쓴다. 개인의 책임으로만 전가하는 사회이기에 성공의 1%에 들려면 자기계발에 열광할 수밖에 없다고.

자기계발의 시선으로 쓴 책과 사회학자의 시선으로 쓴 책. 두 사람의 주장을 함께 읽으며 두 시선을 넘나들어 보니 재미도 있고, 생각할 거리도 많았다.

김정운은 《나는 아내와의 결혼을 후회한다》에서 미국식 자기계발서에 관해 재미나게 표현한다.

> 나는 미국식 '성공처세서'를 싫어한다. '성공하려면 수십 가지 습관을 가져라' '새벽부터 벌떡벌떡 일어나라' '네 삶의 방식을 바꿔라' '마인드를 바꿔라' 등과 같은 내용의 책들이다. 다 고만고만하게 비슷한 이야기를 제목만 바꿔 써놓은 것이 대부분이다. (중략) 미국식 성공처세서는 사람을 좌절케 한다. 이런 처세서가 던지는 메시지의 공통점은 한결같이 '너를 바꿔라'다.[54]

저자는 '사람은 절대 안 바뀐다'라는 사실이 도리어 자신을 자유롭게 했다고 말한다. 이 말에 적극적으로 동의한다. 천성은 바뀌지 않는다. 굳이 바꿀 이유도 없다. 내성적인 성격을 강제로라도 외형적으로 바꿔야 한다는 말 역시 우리 사회에서 성공하려면 그래야 한다는 게 아닐까.

날선 시선을 노트에서 비교해 보니, 다양한 사고를 하게 한다. 어느 주장이 맞고 틀리고의 문제는 아니다. 자기계발에 대해 두 사람이 각자의 프레임을 통해 바라본 결과를 비교해볼 수 있었다. 20대의 어려움을 생각해보는 계기가 되었고 책임을 개인에게만 전가하는 우리 사회의 잘못된 인식도 함께 들여다보았다. 두 권의 책을 통해 또 다른 나만의 시선을 만들 수 있었다.

조정래는
집념
이다

조정래를 알고 싶어서 그의 대표작 《태백산맥》을 읽었다. 그의 대표작은 단연 소설이다. 하지만 그를 알아가는 과정에서 그가 쓴 산문을 통해 많은 정보를 얻을 수 있다. 《황홀한 글 감옥》을 읽고 2014년 9월 노트에 남긴 감상의 일부를 옮겨본다.

> "작가는 인류의 스승, 그 시대의 산소다." 한 작가로서 인류의 스승과 시대의 산소가 되기 위해 황홀한 글 감옥에서 살아간다는 조정래. 아무리 어려운 여건에 있어도 진실한 글을 위해 목숨까지 내놓은 마음으로 쓴 글에 독자는 열광할 수밖에 없다. 소설을 쓸 때 하루 모든 시간을 글쓰기에 쏟아붓는다. 자신을 태워 만들어낸 글이라면 무엇이 아쉽겠

는가. 항상 궁금했다. 독자를 움직이게 하는 그의 힘은 무엇인가? 지금의 그를 있게 한 것은 무엇인가? 그를 설명하라면 무엇이라 말할 것인가? 《황홀한 글 감옥》을 읽어보니 그의 집념이 대하소설을 쓰게 하고, 많은 고난과 어려움을 넘어서게 했다. 그를 통해 내가 갑자기 훌쩍 커버린 기분이다. 그동안 가진 적 없던 시선으로 세상을 볼 수 있게 된 느낌이다. 그를 한 문장으로 설명하라면 난 이렇게 말하고 싶다.

'조정래는 집념이다.'

노트에 작성한 그의 책은 두 부류로 나뉜다. 소설과 산문. 노트 기록을 찾아보면 산문을 옮겨 적은 것이 소설을 읽고 초서한 것보다 많다. 당연하다. 소설에 숨은 그의 인생관, 문학관, 민족의식, 철학이 산문에 드러나 있기 때문이다. 소설을 쓰게 된 이유와 원고를 쓸 때 겪은 일도 풀어놓았다.

《누구나 홀로 선 나무》에 나온 말이다.

글의 형식상 소설이 작가를 가능한 한 은폐하는 것이라면 산문은 어쩔 수 없이 작가를 노출시키지 않을 수 없게 된다. 그런 측면에서 산문은 솔직하되 작가 자신에게는 부담스러운 글일 수도 있다.

> 그러나 그 진솔함 때문에 소설가의 산문은 소설 못지않게 필요한 것으로 여겨지기도 한다.[55]

《태백산맥》을 읽은 건 20대 무렵이었지만, 작가를 알고 싶다는 충동은 40대가 훌쩍 넘어서 《황홀한 글 감옥》을 읽을 때 찾아왔다. 이 책을 읽은 후부터 조정래 작가를 유심히 바라보게 되었다. 조정래 하면 대부분 《태백산맥》 《아리랑》 《한강》과 같은 대하소설부터 떠올리지만, 나는 《황홀한 글 감옥》을 먼저 떠올린다. 그의 모습과 작품 활동에 대한 것을 그대로 옮겨 놓았기 때문이다. 첫 원고를 쓸 때 글이 막히거나 포기하고 싶으면 《황홀한 글 감옥》을 읽곤 했다. 그의 집념을 느껴보는 것만으로도 힘을 얻었다. 그 후로 그의 책에 점점 더 빠져들 수밖에 없었다.

글 감옥에 스스로 들어가다

> 작가이기에 힘이 닿을 데까지 쓸 것이고, 글을 쓰다가 책상 위에 엎드려 숨을 거두는 것을 행복이라 생각합니다.[56]

나에게 좋은 책은 이런 것이다. 작가의 높은 의식을 만날 때, 배움을 통해 무언가 깨우칠 때, 새로운 패러다임을 제시해 줄 때다. 《황홀한 글 감옥》은 높은 의식을 느낄 수 있다. 그의 생각을 훔쳐보기만 해도 많은 것을 배울 수 있다. 가끔 지칠 때 조정래 작가의 책을 노트에 초서한 내용만 읽어도 힘을 얻곤 한다.

'작가의 경쟁상대는 누구일까?' 대부분 같은 주제로 책을 쓰는 작가라고 생각할 것이다. 그의 생각은 다르다. 《조정래의 시선》에서 나오는 말에서도 작가의 높은 의식은 느낄 수 있다.

> 이 세상 사람들은 가혹한 자본주의 노동과 경쟁 속에서 지칠 대로 지쳐 있습니다. 소설 읽기란 그런 그들의 영혼을 흔들어 깨우는 일입니다. 그 지친 영혼들이 감동케 하려면, 그들의 영혼을 훔치려면 어떻게 해야 하겠습니까. 그 누구든지 하루 평균 8시간의 노동을 합니다. 작가는 그들의 두 배, 16시간의 노동을 해야만 그들의 눈길을 책으로 돌릴 수 있다는 것이 저의 기본적인 생각입니다. 저의 모든 작가적 노력은 거기에 뿌리박을 하고 있습니다.[57]

'하루 16시간의 노동을 바쳐야 한다.' 그는 작가도 장인이어야 하고, 하루 8시간을 일하고 휴식을 취하는 사람을 책으로 다가오게 하려면 8시간의 두 배를 투자하는 게 당연하다고 말한다. 나는 원고를 쓸 때 새벽 2시간을 할애하면서도 대단한 노력이라 생각해왔다. 작가와 내 생각의 차이를 느끼며 그의 의식을 읽기만 해도 많은 걸 깨닫게 된다.

의식이 높아지는 경험

> 나는 또한 소설을 쓰는 동안에 스스로에게 '소설이 씌어지지 않는다'는 경우를 용납하지 않는다. 나는 여지껏 소설이 잘 씌어지지 않아 펜을 놓고 책상에서 일어나 다음날로 미루며 술을 마시거나 한 적이 단 한 번도 없다. 소설이 잘 안 될수록 벽 쪽으로 더 붙어 앉으며 기어이 그 고비를 넘어가고서야 책상에서 일어난다. 그렇게 만 육 년을 나 자신과 투쟁하며 《태백산맥》을 완성시켰다.[58]

《누구나 홀로 선 나무》에 나온 문장이다. 사실 원고를 쓸 때마다 이 문장을 종이에 적어보곤 했다. 글을 쓰려면 스마트폰이 더 눈에 들어오고, 안 읽던 책마저 펼쳐보고 싶어진다. 의자 위의 엉덩이는 30분을 참지 못하고 들썩거린다. 열심히 쓰자 결심해도 그때뿐이다. 그런데 신기하게도 조정래 작가의 문장을 옮겨 적다 보면 원고를 다시 쓰게 된다. 의식이 높아짐을 느낀다. 《조정래의 시선》에는 이런 이야기가 나온다.

> 《태백산맥》을 쓰느라 아버지의 임종도 지키지 못했던 것은 유명한

일화다. 《아리랑》 집필 때는 오른팔과 손가락 끝까지 완전히 마비돼 침을 맞아가며 썼고, 《한강》을 끝내고 대수술을 해야 했던 이유는 너무 오래 앉아 있어서 탈장이 생겼기 때문이다.[59]

'대하소설을 쓰는 일은 그 0.1의 습관과 싸우는 일이다'라며 집필 도표를 만들어 매일 35매(200자 원고지)를 쓰며 기록해가면서도 자신을 채찍질하고 고문하며 썼다고 한다. 생각해보지 못한 일이었다. 이 문장을 보고 눈이 번쩍 뜨였다. 나도 쓸 수 있다. 그의 말은 첫 책을 쓸 때 내가 끝까지 포기하지 않게 해주었다. 원고가 풀리지 않으면 핑계를 대서 술자리를 만들곤 하던 내가 그의 의식을 살짝 훔쳐보기만 했는데도 하루 목표인 '한 꼭지 완성'을 달성할 수 있었다.

한 작가의 작품을 읽으며 그의 신념과 의식을 따라가 보는 것은 또 다른 의미를 발견하는 계기가 된다. 나는 조정래 작가를 통해 집념으로 어떤 어려움도 맞서 헤쳐 나갈 수 있다는 걸 배웠다. 과연 어느 정도 신념과 의식이 있어야 가능한 일인지 노트에 초서한 문장을 떠올려본다. 《조정래의 시선》에서 그는 "위험한 줄 알면서도 《태백산맥》을 쓰신 배경이 있나요?"라는 질문에 이렇게 답했다.

> 서른여덟 살에 내 삶을 찾아 나섰다. 1980년 5·18 민주화운동 직후 아내, 아들과 광주를 찾았다. YWCA 건물에 박힌 총탄 자국을 셌다. 350개까지 세다 눈물이 앞을 가려 포기했다. 마음이 아파 잠을 잘 수 없었다. 그 잔혹한 학살극은 바로 분단 현실 때문에 멋대로 벌일 수 있었던 것이다. 40대를 눈물로 보낼 수는 없다고 작정하고 분단 문제와 그 진실을 정면으로 다루는 작품을 쓰기로 결심했다.[60]

'작가는 인류의 스승이고 시대의 산소 같은 존재'가 되어야 한다. 조정래 작가의 작품을 읽을 때면 그의 높은 의식과 시대를 통찰하는 시선을 만난다. 오늘날 조정래 작가가 있도록 그를 단련한 게 무엇인지 한마디로 설명하라면 이렇게 말하고 싶다.

'조정래는 집념이다.'

도서관으로 출근한 김병완

3년 1만 권 독서, 60권 출간

책을 좋아하고 많이 읽은 사람은 드물지 않다. 그렇다 해도 3년 동안 1만 권을 읽고, 3년 동안 대략 60권을 출간했다는 사실에 깜짝 놀랐다. 김병완 작가의 책을 50권쯤 읽었다. 독서하기도 벅찬데 그는 그 많은 책을 다 썼다. 독서량을 계산해보니 3년에 1만 권을 읽었다면 하루 평균 10권을 본 것이다. 사실인지 의심스러웠다. 하지만 그가 3년간 출간한 책 50여 권을 주욱 읽어보니 그의 독서량을 가늠할 수 있었다. 3년 간 60권을 출간했으니 계산해보면 한 달에 1.5권을 쓴 셈이다. 김병완 작가의 책을 보면서 '다독(多讀)'과 '다작(多作)'에 대해 두 가지 궁금증이 생겼다.

먼저 다독을 어떻게 했을까? 도서관에서 종일 책을 읽는다 해도 매일 10권을 읽는다는 건 납득이 되지 않았다. 우리가 일반적으로 읽는 방식과는 다른 게 분명했다. 그만의 독법으로 책을 어떻게 소화해냈을지 궁금했다. 또 하나, 어떻게 다작을 할 수 있을까? 해마다 한 권씩 꾸준히 쓴다 해도 60권을 쓰려면 60년이란 시간이 걸린다. 일 년도 아니고 매달 1.5권을 써낸 힘은 무엇일까? 원고를 쓰는 그만의 방법은 무엇인지 궁금했다. 저자의 책을 읽고 작성한 노트 기록이 쌓여서 '김병완' 폴더를 만들었다.

> 하루도 빠짐없이 도서관에 출근하여 책을 읽었다. 말 그대로 목숨을 걸고 책을 읽었다. 심지어 어느 때는 엉덩이에 피가 나서 도서관 의자에 옷이 눌러붙는 것도 모르고 책을 읽기도 했다.[61]

《48분 기적의 독서법》 프롤로그에 나오는 말이다. 책 읽는 것이 좋아서 그랬는지, 너무 절실해서 그랬는지 나뭇잎이 떨어지는 모습이 자신과 같았다고 생각하면서 멀쩡히 다니던 회사를 그만두었다. 책을 읽으려고 아는 사람도 없는 부산으로 대책 없이 내려가 도서관으로 출근한 저자. 나이도 나와 비슷하고 가장이라는 의무감의 무게가 있는데도 그는 왜 도서관으로 갔을까?

더 이해할 수 없는 점은 다른 목적이나 목표를 위해서가 아니었다는 것이다. 새로운 인생을 찾기 위한 모험이었을까?

그를 관찰하는 계기가 된 《48분 기적의 독서법》이 나오기 1년 전부터 나는 매일 독서하는 습관을 들였다. 내 나름대로 큰 결심을 해서 실천하고 있다고 생각했는데, 저자의 파격적인 행보에 관심이 가서 그의 책을 읽고 노트 작성한 것이 늘어갔다.

> 3년 동안의 도서관 생활을 통해 내가 발견한 시간 관리보다 더 강력한 최고의 인생을 사는 방법은 '인생을 단순화하라는 것'이다.[62]

《나는 도서관에서 기적을 만났다》에 나오는 말이다. 그는 3년간 도서관에 살면서 모든 것과 단절한다. 그의 하루를 말하라면 '도서관에서 종일 독서'라고 표현하고 싶다. 매일 도서관에서 책만 읽는 단순한 삶은 보통 사람이 하지 못한 몰입의 결과라는 생각이 들었다. 황농문 교수의 《몰입》에 나오는 말이 떠올랐다.

> 1분밖에 생각할 줄 모르는 사람은 1분 걸려서 해결할 수 있는 문제밖에 못 푼다. 60분 생각할 수 있는 사람은 그보다 60배나 난이도가 높은 문제를 해결할 수 있으며, 10시간 생각하는 사람은 그보다 600배나 난이도가 높은 문제를 해결할 수 있다. 하루에 열 시간씩

10일을 생각하는 사람은 6,000배의 난이도까지, 100일을 생각하는 사람은 6만 배의 난이도까지 해결할 수 있다.[63]

다독(多讀), 초점이 속도를 결정한다

다독할 방법을 찾은 것도 독서에만 집중했기 때문이다. 그는 독서를 막 시작해서 6개월 동안 도서관에서 독서법에 관련한 책을 모조리 읽었다고 한다. 3년간 매일 10권을 읽고 사색했다. 처음에는 1만 권을 진짜 봤는지 의심스러웠다. 그러나 《48분 기적의 독서법》과 그의 첫 책 《공부란 무엇인가》를 읽고 진실임을 알았다. 관심은 '얼마나 깊이 있게 읽었을까?'로 옮겨갔다. 책에서 필요한 부분만 골라 읽으면 가능하기 때문이다. 그러나 그후 한 달에 책 2~3권을 출간하는 모습을 보며 의심을 거두었다.

그의 저서 가운데 다독과 동시에 사색하는 방법을 알 수 있는 책은 《퀀텀 독서법》과 《초의식 독서법》, 이 두 권이다. 《퀀텀 독서법》은 책을 빠르게 읽는 방법이 나와 있다. 실용서나 자기계발서를 읽는 데 적합한 방법이다. 이 책을 읽고 내 나름대로 정의를 내렸다. '텍스트를 이해되는 범위까지 이미지화해서 보는 것.'

그가 다독할 수 있었던 비결은 초점에 있다. 텍스트를 한 글자씩 바늘로 찍어서 보는 것이 아니라, 이미지화해서 덩어리로 보는 것이다. 다만 모든 것과 단절하고 독서만 하는 몰입이 있었기에 가능하다. 또한 이해의 속도가 뒷받침될 때 가능하다. 여러 글자를 동시에 볼 수 있다 해도 그 내용을 이해할 수 없다면 글자를 그림처럼 보는 것이기 때문이다. 하지만 책을 읽을수록 사전지식이 많아져서 이해의 폭과 속도가 비례해서 좋아진다. 이 선순환 구조가 3년간 1만 권의 독서를 가능하게 했을 것이다.

책을 빠르게 보는 것과 더불어 그도 노트를 작성했다. 그 내용을 담은 책이 《초의식 독서법》이다. 이 책은 내가 노트를 작성하는 데도 많은 영향을 주었다.

> 한 권의 책을 한 문장으로 요약하는 과정은 저자가 그 책을 쓰게 된 과정을 역순으로 되짚어보는 훈련이라고 할 수 있다.
> 작가는 인생을 살면서 어느 순간 하나의 생각, 하나의 문장, 하나의 견해에 크게 공감하고 그 뜻을 깊이 깨닫게 된다. 그리고 그 하나의 결정적인 문장과 생각을 수천 혹은 수만 개의 문장으로 만들고 그것을 엮고 이어서 결국 한 권의 책으로 써내는 것이다.
> 그렇기에 독자가 이것을 반대 순서로 파고들다 보면 작가가 가장 처음 가졌던 원초적인 하나의 생각과 문장, 즉 책의 토대와 씨앗이 된 문장을 발견할 수 있다. 그것이 바로 독서를 통해 얻을 수 있는

가장 위대한 원석이며 최고의 가치다.[64]

나는 독자 관점에서 초서하고, 두 번째 저자 관점에서 책 전체를 요약하고 주제를 찾는다. 그리고 나만의 관점으로 재해석을 해본다. 김병완 저자도 눈으로만 책을 읽었다면 이해와 사색에 깊이가 있지 않았을 것이다. 그가 글로 기록했기에 가능했을 것이다.

책 읽기에 푹 빠진 적이 있다. 1달에 100권의 책을 읽는다는 목표를 세우고 직장 동료들에게 일까지 위임하며 독하게 읽었다. 결과는 달성했다. 문제는 책 내용이 거의 기억나지 않고, 몸살까지 났었다. 매일 3~4권의 책을 읽으니 저녁이 되면 눈알이 빠지듯 아팠다. 그래도 참고 억지로 읽었지만, 빠르게 읽으려면 방법이 달라야 함을 그때 깨달았다. 글자를 한 자씩 바늘로 찍으면서 읽는 방식으로 한 달에 100권 읽기는 불가능하다. 방법을 바꾸지 않고는 아무리 정신을 집중해도 시간과의 싸움에서 이길 수 없었다.

그런데 눈의 초점을 맞춰 텍스트를 볼 때보다 부드럽게 응시하면 글자가 통으로 보인다. 《퀀텀 독서법》에도 비슷한 방식의 독법이 나온다. 나는 한 권의 책을 거꾸로 들고 다 읽은 적도 있다. 거꾸로 읽으면 기존의 방식에서 벗어나기 때문에 이미지를 보듯 눈의 초점을 부드럽게 해서 통으로 읽는 연습이 된다. 독서법을 다양하게 알면 나쁠 게 없다. 그만큼 장단점을 비교해 볼 수 있다. 하지만 나는 빠르게 읽기에 방점을 두기보다는 책을 더 깊이 읽을 수 있는가에 집중하는 게 더 중요하다고 생각한다.

다작(多作)에 이르는 길

어떻게 다작을 할 수 있었을까? 3년 60권 출간. 내가 관심을 가진 두 번째 이유다. 예상과 달리 그는 《김병완의 책쓰기》에서 형편없는 글을 써봐야 한다고 말한다.

> 좋은 글을 쓰는 작가가 되기 위해 당신이 가장 먼저 해야 하는 일은 먼저 형편없는 글을 쓸 줄 알아야 하고, 실제로 형편없는 글들을 많이 자주 써봐야 한다는 것이다.[65]

그만의 책 읽는 방식은 책을 쓰는 데 원동력이 되었을 것이다. 음식도 과식하면 배설해야 한다. 수많은 책을 읽고 나서, 정리하고 사색하며 기록을 작성한 것이 독서에서 글쓰기와 책쓰기를 무한 반복하는 효과를 불러왔을 것이다. 저자는 3년간 1만 권을 읽으며 독서만 한 게 아니다. 그만큼의 글을 썼다. 결국, 다독을 통해 다작에 이른 것은 엄청난 반복의 결과물이다. 하루 10권을 읽고, 하루 10개의 글을 쓴 것이나 다름없다. 매일 무서울 만큼 단순한 생활이 3년간 60권의 책을 출간할 수 있게 만들었다.

저자에게서 배우고 싶은 것은 그의 몰입이다. 그의 책 제목에는 유독 '기적' '혁명'이란 단어가 많이 나온다. 그가 책을 통해 경험한 바를 표현한 단어라고 생각한다. 저자가 3년간 1만 권의 독서를 하고 3년간 60권의 책을 쓴 것은 불광불급(不狂不及), 미치지 않고는 어려운 일이다.

대나무 깎는 법정

법정 스님의 책을 읽고 노트 작성한 게 많아 별도로 폴더를 만들었다. 노트는 문장을 초서한 게 대부분이다. 분석하기보다 한 문장, 한 문장을 적다 보면 맑은 바람을 맞는 느낌이 든다. 문장을 반복해 읽다 보면, 이른 아침 맺힌 이슬이 무게를 이기지 못하고 굴러 내리는 것처럼 내 마음에 전해진다.

어느 날 류시화 시인이 법정 스님이 사는 산중 오두막을 찾았으나 인기척이 없었다. 아무도 없는 줄 알았는데 뒤뜰에서 스님이 나왔다. '무얼 하고 계셨느냐?'라고 물으니 '대나무를 깎고 있었다'라는 답이 나온다. '대낮에 대나무는 어디에 쓰시려고 깎고 계셨냐?'라는 류시화 시인의 말에 스님이 '쓸 데가 있는 것이 아니라 적막함 속에서도 깨어있고 싶어 대나무를 깎고 있었다'라고 답했다는 내용을 책에서 읽은 적이 있다.

> 삶은 소유물이 아니라 순간순간에 있음이다.[66]

삶은 내 마음대로 사고팔 수 없다. 즉, 소유할 수 없다. 순간순간 어떻게 살아갈 것인가? 깨어서 행동하는 것의 합이 삶이다. 맑은 계곡물을 떠다가 차 한 잔을 마시는 일을 산중의 호사라고 말하는 법정 스님. 항상 자신에게 질문하기를 당부한다. '나는 누구인가?' '나는 어디로 가는가?' 이런 질문에 답하는 게 항상 어렵다. 사는 동안 수없이 되풀이하며 질문에 답을 해보는 것이 중요하다. 노트에 쓴 스님 책을 살펴보면 '무소유' '행복' '성찰' '행(行)' 4개의 키워드로 나눠진다. 이것을 가지고 그의 발걸음을 따라가 본다.

무소유

법정 스님의 대표작은 누가 뭐라 해도 《무소유》다.

> 무소유란 아무것도 갖지 않는다는 것이 아니다. 궁색한 빈털터리가 되는 것이 아니다. 무소유란 아무것도 갖지 않는 것이 아니라

불필요한 것을 갖지 않는다는 뜻이다.[67]

무소유란 무엇인가? 스님은 말한다. "아무것도 갖지 않는다는 것이 아니라 불필요한 것을 갖지 않는다." 불필요한 것을 가지려 하지 않는 것. 이것을 피상적으로 읽으면 그저 좋은 말로 생각될 뿐이다. 그러나 일상에서 오늘 내게 불필요한 것은 무엇인지 찾는다면 피부에 와 닿게 된다. 스님의 책을 노트에 적을 때마다 느끼는 바를 기승전결로 작성할 수는 없다. 한 문장, 한 문장을 곱씹어야 의미를 느낄 수 있다.

우리들의 목표는 풍부하게 소유하는 것이 아니라 풍성하게 존재하는 데 있다. 삶의 부피보다는 질을 문제 삼아야 한다. 사람은 무엇보다도 삶을 살 줄 알 때 사람일 수가 있다. 채우려고만 하지 말고 텅 비울 수 있어야 한다. 텅 빈 곳에서 영혼의 메아리가 울려 나온다.[68]

삶의 목표는 얽매임 없는 자유에 있어야 한다. 우리의 목표가 소유에 있어 맘껏 가진다 해도 행복한 것은 아니다. 소유한 물질이 많아도 사람 사이에 신뢰가 부족해 싸움이 끊이질 않는다면 소용없는 것이다. 물건은 사고팔 수 있어도 사람 마음은 살 수 없다. 무엇이든 다 소유할 수 있다는 생각이 문제다.

가지면 가질수록 나쁠 게 없다고? 로또를 맞은 사람 대부분 나중에 보면 초라하게 변한다고 한다. 돈 걱정 할 일이 없을 텐데, 왜 그렇게 될까? 가진 것이 많을 때 오히려 자유로울 수 없다. 갑자기 큰돈이 생겨 어떻게 써야 할지 생각해보지 못해 그럴 수도 있다. 잘 알지도 못하는 사람들에게서 시달림당할 건 뻔하다.

없어서 문제지 소유한 것이 많다면 뭔 걱정이냐고 물을 수도 있다. 현실은 녹록지 않다. 돈을 보고 다가오는 사람이 있지 않을까? 어떻게 지켜야 할까? 매일 고민이다. 돈을 지키는 게 다른 어떤 일보다 중요해진다. 법정 스님 말처럼 채우려 하기보다 불필요한 것을 비울 수 있어야 한다. 소유가 나쁘다는 말은 아니다. 다만, 물질에 이끌려 채우기만 하려는 욕망에서 벗어나라는 말이다.

행복

법정 스님은 《산에 꽃이 피네》에서 행복에 대해 이렇게 이야기 한다.

> 인간의 행복은 큰 데 있지 않다. 지극히 사소하고, 일상적인, 조그만 데 있다. 아침 햇살에 빛나는 자작나무의 잎에도 행복은 깃들어 있고, 벼랑 위에 피어 있는 한 무더기 진달래꽃을 통해서도 하루의 일용할 정신적인 양식으로 얻을 수 있다. 지극히 사소하고 일상적인 것 속에 행복의 씨앗이 들어 있다. 빈 마음으로 그걸 느낄 수 있어야 한다.[69]

백두대간 수목원에서 여름휴가를 보낸 적이 있다. 가족과 함께 이른 아침 숲 해설가를 따라 수목원에 있는 나무를 만나러 갔다. "자, 서 있는 자리에서 잠깐 멈추고 자연에서 무슨 소리가 들리는지 귀 기울여 보세요. 다섯 가지 소리를 말하는 분께 선물을 드립니다." "물소리, 새소리, 바람 소리 그리고… 갑자기 생각이 안 나네요." "바람에 나뭇잎들이 부딪치는 소리, 물소리, 개구리 소리, 매미 소리, 새소리요." 선물을 받겠다는 욕심으로 너도나도 답변한다. 숲 해설가는 선물을 나눠주며 말한다. "이곳에 와서 언제 자연을 느껴보셨나요? 우리가 잠깐 멈춰 짧은 시간 눈만 감아도 자연은 쉼 없이 우리와 교감하고 싶어 합니다."

1~2분의 짧은 시간이었다. 그 잠깐의 멈춤에 바람은 느티나무와 단풍나무를 거쳐 내 피부에도 스치며 말을 걸어왔다. 전날

수목원에서 많은 나무를 볼 때는 경험하지 못한 일이었다. 행복은 자연을 만나는 일과 같다. 작은 것에 관심을 두자, 아침에 깨워도 잘 일어나지 않는 아이 얼굴을 보는 것만도 감사하고, 무더위에 갈증을 덜어주는 시원한 물 한 잔을 벌컥거리며 마시는 것에도 감사했다. 그 안에 행복이 들어있었다.

> 삶은 과거나 미래에 있지 않고 바로 지금 이 자리에서 이렇게 살고 있음을 잊지 말아야 한다. 삶의 비참함은 죽는다는 사실보다도 살아 있는 동안 우리 내부에서 무언가 죽어간다는 사실에 있다. 가령 꽃이나 달을 보고도 반길 줄 모르는 무뎌진 감성, 저녁노을 앞에서 지나온 자신의 삶을 되돌아볼 줄 모르는 무감각, 넋을 잃고 텔레비전 앞에서 허물어져 가는 일상 등, 이런 현상이 곧 죽음에 한 걸음씩 다가섬이다.[70]

《아름다운 마무리》에 나오는 문장이다. 행복은 감동을 잘하는 사람에게 다가온다. 출근길 아침, 들판에 활짝 핀 개망초를 보고 신비로움을 느끼지 못한다는 건 슬픈 일이다. 행복은 무뎌진 감성에 탄력을 만들 때 찾아온다. 감성만이 아니다. 무감각도 마찬가지다. TV 없이 산 지 10년이 되어간다. 처가에서 가족들과 관심도 없는 TV 프로그램을 볼 때가 있다. 1시간, 2시간… 시간의 흐름에 무감각해진다. 저녁 식사를 하는 동안 우두커니 보다가 웃기도 하며 시간을 보낸다. 대화는 거의 나누지 않는다. 가끔 하는 대화라고는 짧은 몇 마디. "다른 채널에서 뭐해?"

아이와 손을 잡고 노을 지는 거리를 산책할 때 붉은색의 아름다움을 느낄 수 있다면…. 둘이 붉은 물감 속으로 빠져드는 기분만으로도 행복해질 수 있다.

성찰

《아름다운 마무리》를 통해 기다림에 대해서도 다시 생각하게 되었다.

> 어느 날은 문득 이런 생각이 들기도 했다. 병원 대기실에서 기다리는 것도 환자에게는 치유가 되겠다는 생각. 우리들의 성급하고 조급한 마음을 어디 가서 고치겠는가. 자신의 병을 치료하기 위해 기다리는 이런 병원에서의 시간이야말로 성급하고 조급한 생각도 함께 치료할 수 있는 계기로 삼아야 할 거라는 생각이었다. 이런 생각이 들자 그 뒤부터는 기다리는 일이 결코 지루하거나 무료하게 느껴지지 않았다. 그런 시간에 화두삼매(話頭三昧, 나의 마음과 화두가

하나가 된 상태—편집자 주)에 들 수 있고 염불로써 평온한 마음을 지닐 수도 있다.[71]

아프고 나면 성숙해진다는 말이 있다. 몸이 아프면 만사가 귀찮다. 자신을 건사하기도 힘들다. 축구경기를 하다 어깨를 다쳐 수술한 적이 있다. 이른 아침부터 수술 시간을 기다렸다. 내 순서가 자꾸 뒤로 밀렸다. 매도 일찍 맞는 게 낫다는데, 기다림은 초조함의 연속이었다. 정오가 지나자 초조함은 짜증으로 바뀌었고, 기다리다 지칠 무렵 수술실에 들어갔다. 나중에 나이가 많은 분은 위급상황이 발생할 확률이 높아 먼저 수술을 진행하느라 내 차례가 늦춰졌다는 말을 들었다. 갑자기 조급하게 굴고 짜증내던 내 모습이 부끄러워졌다. 조급함을 반성하는 배움의 시간이었다.

법정 스님의 책은 읽으면 처음에는 맹물을 마시는 느낌이다. 그러나 일상에서 그 말을 붙잡으면 달콤하거나 쓴 약이 되기도 한다. 초서한 문장 가운데 삶에 대입할 수 있는 것을 만나면 한여름에 찬물을 뒤집어쓰는 시원함마저 느껴진다. 병원에서 옹졸해졌던 마음을 법정 스님은 이렇게 표현한다.

정말 우리 마음이란 미묘하기 짝이 없다. 너그러울 때는 온 세상

을 다 받아들이다가 한번 옹졸해지면 바늘 하나 꽂을 여유조차 없다.[72]

내가 아프니 다른 사람을 돌아보지 못했다. 마음이 옹졸해졌을 때 되돌리는 연습이 필요하다. 그럴 수도 있구나 하고 생각하니 수술실에서 생긴 마음에서 벗어날 수 있었다. 감정에 흔들리는 것은 어쩔 수 없다. 감정을 다스리는 주인이 되려면 끌려다니지 않는 연습이 필요하다. '너그러울 때는 온 세상을 다 받아들이다가 한번 옹졸해지면 바늘 하나 꽂을 여유조차 없다'라는 말을 일상에서 떠올리곤 한다. 옹졸함을 인지해야 삶을 돌이키는 마음이 커진다.

행(行)

버스 안에서였다. 그는 호주머니에서 주머니 칼을 꺼내더니 창틀에서 빠지려는 나사못 두 개를 죄어 놓았다. 무심히 보고 있던 나는 속으로 감동했다. 그는 이렇듯 사소한 일로 나를 흔들어 놓았다. 그는 내 것이네 남의 것이네 하는 분별이 없는 것 같았다.[73]

일상에 행하면서 배우는 것보다 더 귀한 배움은 없다. 법정 스님이 책에 쓰신 일화 가운데 가장 기억에 남는 것은 《무소유》에 나오는 도반 수연 스님의 행동이다. 법정은 수연 스님의 행동을 보며 말한다. "구도의 길에서 안다는 것은, 행(行)에 비할 때 얼마나 보잘것없는 것인가. 사람이 타인에게 영향을 끼치는 것은 지식이나 말에 의해서가 아님을 그는 깨우쳐 주었다." 수연 스님은 아픈 몸을 이끌고 병원에 가는 버스에서도 버스 창문의 풀린 나사를 조인다. 누가 보든 말든 일상에서 드러나는 배려와 사람들에게 자비를 베푸는 모습에 가슴이 뭉클해진다.

인터넷을 검색하다가 중하 스님이 대전일보에 기고한 칼럼을 읽고 법정 스님이 책을 쓰게 된 동기를 알았다. 칼럼 내용 일부를 옮겨본다.

> 원래 참선 공부만 하시던 분이라 글을 쓰시지 않으셨다. 그런데 그런 스님에게 글을 쓰게 된 결정적인 계기가 있었다. 법정 스님이 합천 해인사에 참배를 하고 팔만대장경이 모셔져 있는 장경각을 돌아서 나오는데 시골 아낙네 한 분이 법정 스님에게 "해인사에 유명한 팔만대장경이 있다는데 어디 있어요?"라고 물었다. 법정 스님은 "여기 나무판자로 쭉 재어놓은 것이 팔만대장경입니다"라고 답했는데 이후 "아, 저 빨래판 같이 생긴 것 말입니까?"라는 아낙네의 말에 충격에 빠졌다. '저 소중한 대장경판이 저분에게는 빨래판

으로 보인다니.' 이후 법정 스님은 '아무리 귀중한 것이라도 그 가치를 못 알아보는 자에게는 무용지물'이라는 것을 깨닫고 중생 속으로 들어가 알려야겠다며 참선 공부를 잠시 접어두었다. 펜을 잡은 후에는 남은 여생 동안 많은 양서를 남기고 지난 2010년에 입적했다.[74]

노트에 적은 법정 스님의 책을 다시 보면서 '소유' '행복' '성찰' '행(行)' 바라보는 시선이 조금은 달라졌다. '세 살 먹은 아이도 제 손의 것 안 내놓는다'라는 말이 있다. 할 수 있다면 한없이 가지려는 게 사람 마음이다. 소유에 집착하지 않고 불필요한 것을 가지려 하지 않는 자세가 중요하다. 무뎌진 감성과 무감각을 살려야 행복해진다. 성찰을 통해 녹슨 삶을 두려워하고, 행(行)으로 알아갈 때 힘을 얻을 수 있다.

마치며

따가운 가을 햇살 아래 과일이 익어간다. 겉으로 보기에는 잘 익어 보이는 사과를 한입 베어 물었다. 그런데 떫은맛이었다. 새콤달콤한 맛이 아직 들지 않았다. 사과는 봄바람에 꽃을 피우고, 여름 햇빛 아래 몸집을 키운다. 그때까지는 맛이 들지 않는다. 하지만 후덥지근한 열기가 가시고 언제 더웠냐는 듯 가을이 깊어지면 사과 고유의 맛이 든다.

독서노트도 열매가 익어 맛이 드는 것과 비슷하다. 10개, 20개를 작성해도 별로 달라지는 것이 없다. 몇 달이 지나도 마찬가지다. 그러나 꾸준히 쓰다 보면 항아리에 물이 채워지다 넘치듯 노트 작성한 숫자가 올라가면서 서서히 자신에게 영향을 준다.

"블로그를 하면 뭐가 변하나요?"라고 파워 블로거에게 물어본 적이 있다. 그는 "블로그 하는 것 자체가 일상이 돼요"라고 답했다. 처음에는 뭔 말인지 의아했다. 그러나 5년간 노트를 써보니,

독서노트에 맛은 언제 들까?

그가 말한 것처럼 노트 작성이 일상의 익숙한 행동으로 변했다. 기록이 쌓이는 과정에서 어제보다 생각과 사색이 깊어지게 된다. 그 결과 책을 소화하는 힘이 생긴다.

생각을 하기 싫다고 안 하는 사람은 없다. 당신만의 맛이 드는 노트를 만드는 비결은 꾸준히 적는 것이다. 노트에 적은 생각은 다시 조각할 수 있다. 나만의 재해석을 적고 다음 날 더 좋은 생각이 떠올라 다시 고친 경우는 수도 없이 많다. 그러니 책을 감상, 이해, 소화하고 싶다면 꾸준히 노트를 적자.

머릿속 생각을 손끝으로 꺼내 글로 적을 때, 노트는 살아 움직이는 생각이 된다.

주석

1 유홍준《나의 문화유산답사기 1》창비, 2011, 107~108쪽.

2 신영복《담론》돌베개, 2015, 226쪽.

3 안상헌《생산적 책읽기 두번째 이야기》북포스, 2010, 148~149쪽.

4 제롬 글렌, 테드 고든, 박영숙, 엘리자베스 플로레스큐《유엔미래보고서 2040》교보문고, 82~83쪽.

5 이동진《닥치는 대로 끌리는 대로 오직 재미있게 이동진 독서법》위즈덤하우스, 2017, 17쪽.

6 박웅현《책은 도끼다》북하우스, 2011, 28쪽.

7 앞의 책, 337쪽.

8 앞의 책, 337~338쪽.

9 남낙현《나무와 말하다》마음세상, 2017, 72~73쪽.

10 박웅현《책은 도끼다》북하우스, 2011, 34쪽.

11 포리스트 카터《내 영혼이 따뜻했던 날들》조경숙 옮김, 아름드리미디어, 2014, 194쪽.

12 앞의 책, 195~196쪽.

13 구본형《나는 이렇게 될 것이다》김영사, 2013, 15쪽.

14 앞의 책, 233쪽.

15 앞의 책, 125쪽.

16 앞의 책, 238쪽.

17 앞의 책, 287쪽.

18 구본형 《나, 구본형의 변화 이야기》 휴머니스트, 2007, 121쪽.

19 로버트 루트번스타인, 미셸 루트번스타인 《생각의 탄생》 박종성 옮김, 에코의서재, 2007, 서문에서 20쪽.

20 왕중추 《디테일의 힘》 허유영 옮김, 올림, 2005, 71쪽.

21 정약용 《유배지에서 보낸 편지》 박석무 엮음, 창비, 1991, 120쪽.

22 앞의 책, 98~99쪽.

23 강판권 《나무철학》 글항아리, 2015, 47쪽.

24 정약용 《유배지에서 보낸 편지》 박석무 엮음, 창비, 1991, 229쪽.

25 앞의 책, 120쪽.

26 앞의 책, 309쪽.

27 송조은 《독서쇼크》 좋은시대, 2010, 128쪽.

28 빅터 프랭클 《죽음의 수용소에서》 청아출판사, 2005, 215쪽.

29 앞의 책, 120쪽.

30 강판권 《나무철학》 글항아리, 2015, 20쪽.

31 앞의 책, 25쪽.

32 앞의 책, 45쪽.

33 박웅현 《여덟 단어》 북하우스, 2013, 207~208쪽.

34 최진석 《생각하는 힘, 노자 인문학》 위즈덤하우스, 2015, 7쪽.

35 앞의 책, 265쪽.

36 앞의 책, 138~139쪽.

37 고규홍 《고규홍의 한국의 나무 특강》 휴머니스트, 2012, 251쪽.

38 조정래 《황홀한 글감옥》 시사IN북, 2009, 243쪽.

39 법정 《일기일회》, 문학의숲, 2009, 98쪽.

40 고규홍 《슈베르트와 나무》 휴머니스트, 2016, 4쪽~9쪽.

41 고규홍 《고규홍의 한국의 나무 특강》 휴머니스트, 2012, 190쪽.

42 강판권 《자신만의 하늘을 가져라》 샘터사, 2016, 165~166쪽.

43 랜디 포시, 제프리 재슬로 《마지막 강의》 심은우 옮김, 살림, 2008, 142~144쪽.

44 앞의 책, 223쪽.

45 이지성 《20대, 자기계발에 미쳐라》 맑은소리, 2010, 69~70쪽.

46 오찬오 《우리는 차별에 찬성합니다》 개마고원, 2013, 32~33쪽.

47 앞의 책, 33쪽.

48 앞의 책, 33~34쪽.

49 이지성 《20대, 자기계발에 미쳐라》 맑은소리, 2010, 19쪽.

50 앞의 책, 32쪽.

51 앞의 책, 48쪽.

52 앞의 책, 69~70쪽.

53 앞의 책, 88쪽.

54 김정운 《나는 아내와의 결혼을 후회한다》 21세기북스, 2015, 157~158쪽.

55 조정래 《누구나 홀로 선 나무》 문학동네, 2002, 422~423쪽.

56 조정래 《황홀한 글감옥》 시사IN북, 2009, 427쪽.

57 조정래 《조정래의 시선》 해냄, 2014, 54쪽.

58 조정래 《누구나 홀로 선 나무》 문학동네, 2002, 168~169쪽.

59 조정래 《조정래의 시선》 해냄, 2014, 153~154쪽.

60 앞의 책, 207쪽.

61 김병완 《48분 기적의 독서법》 미다스북스, 2013, 5쪽.

62 김병완, 《나는 도서관에서 기적을 만났다》 아템포, 2013, 164쪽.

63 황농문 《몰입》 랜덤하우스코리아, 2007, 218쪽.

64 김병완 《초의식 독서법》 아템포, 2014, 183쪽.

65 김병완 《김병완의 책쓰기 혁명》 아템포, 2014, 263~264쪽.

66 법정 《살아 있는 것은 다 행복하라》 류시화 엮음, 조화로운삶, 2006, 118쪽.

67 앞의 책, 48쪽.

68 법정 《산에는 꽃이 피네》 동쪽나라, 1998, 98쪽.

69 앞의 책, 61쪽.

70 법정 《아름다운 마무리》 문학의숲, 2008, 88~89쪽.

71 앞의 책, 41쪽.

72 법정 《무소유》 범우사, 1999, 56쪽.

73 앞의 책, 76쪽.

74 중하 스님, [종교인칼럼] 계기와 변화, 대전일보사, 2016년 7월 27일자.